Farid Hafez

Malcolm X

D1722115

2018, 2. überarbeitete Auflage Alhamra Verlag, Wien

Alle Rechte, insbesondere das Recht der Vervielfältigung und Verbreitung sow-ie der Übersetzung, auch die des auszugsweisen Nachdrucks, der fotomecha-nischen oder jeglicher Wiedergabe, sind Al Hamra vorbehalten. Kein Teil des Werkes darf in irgendeiner Form (durch Elektrofotografie, Mikrofilm oder ein anderes Verfahren) ohne schriftliche Genehmigung des Verlages reproduziert oder unter Verwendung elektronischer Systeme gespeichert, verarbeitet, ver-vielfältigt oder verbreitet werden.

Herausgabe und Copyright:
Al Hamra Buchhandel & Verlag
Gumpendorfer Straße 65/1
1060 Wien
www.alhamra.at

Text: Farid Hafez
Umschlaggestaltung: Calimaat
Satz & Layout: Dipl. Ing Edhem Brakmic, exactlee e. U.
Druck und Bindung: FINIDR, s.r.o.
Printed in Czech Republic 2015
ISBN: 978-3-9503510-8-8

info@alhamra.at

Malika

Vorwort zur 2. Auflage

Dass das Erscheinen einer Biographie über einen Mann, der vor über 50 Jahren in den fernen USA ermordet wurde, heute noch so viel Interesse findet, war nicht vorhersehbar. So war ich zwar der Meinung, dass Malcolm X uns auch heute noch viel zu sagen hat, was mich dazu motivierte, sein Leben für junge Menschen zugänglich zu machen. Wie bereits zuvor gesagt: Seine Erfahrungen mit Rassismus und sein Kampf für Gerechtigkeit bieten Anknüpfungspunkte und Lehrbeispiele für junge Menschen, die an Idealen festhalten und die Welt von morgen zu einer besseren machen wollen.

Der Gang der Welt in den letzten Jahren hat aber vor allem eines gezeigt: Das Leben von Malcolm X, El-Hajj Malik El-Shabbaz, ist heute relevanter denn je. Vor wenigen Tagen verlor der afro-amerikanische Muslim Stephon Clark aus Sacramento sein Leben. Und vor ihm waren es so viele andere wie Amadou Diallo, Trayvon Martin, Gary King, Oscar Grant, Tamir Rice, Tanisha Anderson, Yvette Smith, um nur einige wenige zu nennen, die ihr Leben aufgrund unkontrollierter Polizeigewalt in den USA lassen mussten. Auf den 22-jährigen Stephon Clark wurden 20 Schüsse abgefeuert. Er hielt sich im Garten seiner Mutter auf. Alles, was er bei sich hatte, war ein weißes iPhone. Diese Episode ist ein weiterer Stein in der langen Geschichte des erdrückenden Rassismus in den USA. Geschehnisse wie diese haben Initiativen wie „Black Lives Matter" hervorgerufen, in denen immer wieder auf das Vermächtnis von Malcolm X Bezug genommen wurde.

I

Mit der Wahl des 45. Präsidenten der Vereinigten Staaten von Amerika erleben wir auch ein Erstarken tot geglaubter Bewegungen, die im Leben des Malcolm X noch eine wichtige Rolle spielten. Dazu gehören Gruppen, die von einer Vormachtstellung der weißen Rasse ausgehen wie etwa dem Ku Klux Klan. Als am 8. Juli 2017 diese Gruppen etwa in Charlottesville aufmarschierten, traten all jene Bilder wieder in Erinnerung, die man aus Geschichtsbüchern kannte. Das Kreuz Jesu ebenso wie das Hakenkreuz erleuchteten in der Nacht in Flammen auf. Der KKK rekrutiert wieder aktiv und sieht seine Weltanschauung durch das neue Regime bestätigt.

Gleichzeitig führt das Aufkeimen eines offenen Rassismus in den USA auch zu einer entsprechenden Gegenwehr. Nachdem Stephon Clark ermordet wurde, organisierten die Sacramento-Abteilung der 1909 gegründeten NAACP (National Association for the Advancement of Colored People) gemeinsam mit den regionalen Ablegern des Council of American Islamic Relations, einer Koalition von 10 Moscheen in Sacramento, sowie einer regionalen anti-rassistischen Gruppe ein Treffen, um die weitere Vorgehensweise miteinander zu besprechen und zu planen. Darin spiegelt sich eine zentrale Einsicht des späten Malcolm X wider: Allianzen schmieden mit all jenen Gruppen, die ein vitales Interesse daran haben, den Rassismus zu überwinden.

Der Vorfall in Sacramento ebenso wie Ferguson und so viele andere Geschehnisse veranschaulichen die andauernde Relevanz von Malcolm X. Malcolm, oder Malik, wie er später heißen sollte, stellte – wie später Martin Luther King – eine zentrale Verbindung zwischen internationalen Kriegen, Kapitalismus und Rassismus her. Die Überwindung des einen, so Malcolm, erfordere die Überwindung des anderen. Und diese Debatte dauert nach wie vor an.

Wien, am 31. März 2018

Vorwort

Als ich im Frühjahr 2014 anlässlich des Todestages von Malcolm X zum Grab von Malcolm X etwas außerhalb der Stadt von New York City ging,[1] durfte ich Zeuge eines inzwischen eingeübten Rituals werden: Angefangen von Anhängern der Hiphop-Pioniergruppe Universal Zulu Nation über schwarze Nationalisten, wie der New Black Panther Party bis hin zu Imam Talib Abdur Rasheed aus Harlem von der Mosque of Islamic Brotherhood – um nur einige wenige zu nennen – versammelten sich, um dem Tod unseres Bruders Malcolm zu gedenken. Der bleibende Einfluss auf unterschiedlichste Menschengruppen ist unbestreitbar und reicht weit über die Gruppe der Afro-Amerikaner oder der Muslime hinaus. Christliche Theologen wie James H. Cone beziehen sich in ihrer *Black Theology* im Wesentlichen auf Malcolm X als Quelle der Inspiration.[2] Und es muss nicht erwähnt werden, dass es vermutlich keine Black Panther Party ohne Malcolm X gegeben hätte. In der Hip-Hop Szene werden seine Reden bis heute in Liedern gesampelt. 1965, vor genau fünfzig Jahren, wurde ein Mann ermordet, der heute noch im Geiste so vieler Menschen wirkt. Geboren als Malcolm Little. ‚Wiedergeboren‘ als Minister Malcolm X. Ermordet und begraben als El-Hajj Malik El-Shabbaz. Manche bezeichnen ihn als Schwarzen Nationalisten. Andere sehen in ihm einen Hassprediger. Wieder andere betonen seinen muslimischen Glauben. Und manche betonen seine internationalistische, anti-kapitalistische und zunehmend sozialistische, politische Ausrichtung. Andere bewundern ihn dafür, dass er den Kampf gegen Rassismus in den USA in den 1960er Jahren zu einem globalen Kampf für Menschenrechte umdeuten wollte. Malcolm X ist ein Mann mit vielen Facetten. Immer im Wandel.

Und auch heute scheint Malcolm X noch immer von Relevanz zu sein. Besonders junge Menschen in den Städten Europas, die einer Minderheit zugerechnet werden, können an das Leben dieses Revolutionärs anschließen. Seine Erfahrungen mit Rassismus und sein Kampf für Gerechtigkeit bieten Anknüpfungspunkte und Lehrbeispiele für junge Menschen, die an Idealen festhalten und die Welt von morgen zu einer besseren machen wollen.

Diese Kurzbiographie ist keine wissenschaftliche Abhandlung, die den letzten Stand der Diskussion reflektieren soll. Es geht also nicht um eine kritische Auseinandersetzung mit den letzten Debatten, die rund um die Veröffentlichung von Manning Marables Magnus Opum eingesetzt hatte[3]. Dieses knapp gehaltene Werk ist dem fünfzigjährigen Gedenkjahr zur Ermordung von Malcolm X bzw. dem neunzigjährigen Geburtstag gewidmet. Sein Leben hat das von vielen Menschen, bekannten und weniger bekannten, nachhaltig beeinflusst. Von der Boxlegende Muhammad Ali über die Black Panther Party bis hin zu Hip Hop-Pionieren wie Public Enemy oder heute Lupe Fiasco schrieb Bruder Malcolm sich in das Leben von vielen Menschen ein. Abseits der mehr als 500 Seiten umfassenden Autobiographie, die Inspirationsquelle für unzählige Menschen war, will ich mit dieser kurzen Lektüre vor allem für junge Leserinnen und Leser eine Lebensgeschichte von Malcolm X anbieten, die die zentralen Etappen seines Lebens beleuchtet. Dieser Zusammenfassung seines Lebens liegt der Versuch einer Beschreibung zugrunde, zieht damit nicht direkt ‚Lehren' aus seinem Leben, sondern versucht die Dynamik des Wandels, den Malcolm gelebt hat, nachzuzeichnen.

Dabei versuche ich die damaligen Umstände und die jeweilige Lebensphase, in der Malcolm sich befand, so treu wie möglich zu schildern. Aus diesem Grund werden selbst manche Begriffe, die heute nicht mehr gebräuchlich sind wie ‚farbige Menschen' verwendet. Bei Zitaten von Originaltexten wird auch der Begriff ‚Neger' wie im Original beibehalten, da er in den Texten schwarzer Autoren selbst verwendet wurde. Sie finden sich im Sprachgebrauch von Malcolm (er sprach meist vom ‚sogenannten Neger', womit er diesen Begriff in Frage stellte) und der damaligen vom Rassismus geplagten US-amerikanischen Gesellschaft und reflektieren zum Teil auch den sich selbst erniedrigenden Afroamerikaner. Dieser Begriff ist ein Begriff der Gewalt, der damit nicht den Afroamerikaner alleine bezeichnet, sondern auf das Gewalt- und Machtverhältnis hinweist, das dessen Position zu den Weißen bestimmte. Hier ist festzuhalten, dass diese Begriffe heute eben nicht mehr gebräuchlich sind und insofern als geschichtlich überkommen verstanden werden müssen. Afroamerikaner oder Schwarze sind heute die meist gängigsten Selbstbezeichnungen. Ebenso werden Bezeichnungen für Elijah Muhammad als ‚Gesandten' Gottes, wie sie damals in der Nation of Islam üblich waren, verwendet, um den Geist der Zeit einzufangen.

Gedankt sei an dieser Stelle dem Lektorat des Alhamra-Verlags nicht nur für die professionelle und zügige Abwicklung dieses Buchprojektes, sondern auch für die Tatsache, das Leben von Malcolm X jungen Menschen zugänglich machen zu wollen.

Farid Hafez
Wien, Februar 2015

Inhalt

I. Der Geist des Ku Klux Klan

Malcolm Little wurde am 19. Mai 1925 als Sohn eines Baptistenpredigers in Omaha im US-Bundestaat Nebraska geboren. Sein Vater war ein großwüchsiger und sehr dunkelhäutiger, schwarzer Mann, der sein Leben der Verbreitung der Ideen eines gewissen Marcus Garvey widmete. Dieser Garvey war der Anführer der UNIA, der Universal Negro Improvement Association, welche predigte, dass die Nachkommen der nach Amerika verschleppten, versklavten Afrikaner zu ihrem Heimatkontinent zurückkehren sollten. Dieser Grundsatz fußte auf der Überzeugung, dass nur durch eine Rückkehr in die ursprüngliche Heimat dem 400-jährigen Schicksal der Versklavung und Entmenschlichung schwarzer Menschen in Amerika ein Ende gemacht werden könne. Sie nährte sich ebenso aus der damals noch jungen Überzeugung, dass der weiße Mann den Schwarzen niemals als ebenbürtig gleich anerkennen würde und dass ihm dementsprechend niemals die gleichen Rechte zukommen würden. Wie die Philosophie Garveys es lehrte, versuchte Malcolms Vater ein unabhängiger und selbständiger Mann zu sein. Anders als die vielen anderen Schwarzen in den USA. Seine Bestrebungen führten aber nicht unbedingt zu Bewunderung unter den Weißen, vor allem bei den *White Supremacists*, die von der Überlegenheit der weißen Rasse gegenüber allen anderen Menschen auf dem Planeten Erde überzeugt waren. In Lansing, wo Malcolms Familie eine Zeit lang lebte, war der angesehenste unter den Schwarzen der Schuhputzer im Regierungsgebäude. Beinahe so große Anerkennung erhielt der Kellner, der hinter einer Bar Getränke ausschenkte. Die Rassentrennung und die rassistische Überzeugung der Niederträchtigkeit der Schwarzen erlaubte es diesen nicht, wirtschaftlich höher aufzusteigen. Reich konnten unter diesen Umständen nur jene Schwarze werden, die sich illegalen Geschäfte hingaben: Kasinos und Spielhöllen, in die sie ihre eigenen Leute trieben, um sie auszubeuten.

Die Verfolgung von Malcolms Vater durch weiße rassistische Vereinigungen blieb Malcolm ewig im Gedächtnis. Malcolm Little spricht über seine ,früheste Erinnerung' aus dem Jahre 1929 in seiner Autobiographie:

„Ich weiß noch genau, dass ich plötzlich aus dem Schlaf gerissen wurde und mich in einem schreckenerregenden Durcheinander aus Pistolenschüssen, Geschrei, Rauch und Flammen wiederfand. Mein Vater hatte geschrien und auf die zwei weißen Männer geschossen, die das Feuer gelegt hatten und nun wegliefen. Unser Haus stand in hellen Flammen. Wir alle stießen, stolperten und stürzten übereinander beim Versuch, daraus zu entkommen. Meine Mutter schaffte es mit dem Baby in den Armen gerade noch in den Hof, bevor das Haus funkensprühend zusammenstürzte. Ich erinnere mich daran, dass wir die Nacht draußen in unserer Unterwäsche verbringen mussten, dass wir weinten und uns die Seele aus dem Hals schrien. Die weißen Polizisten und Feuerwehrleute kamen, standen herum und sahen zu, wie das Haus bis auf die Grundmauern niederbrannte."[4]

So wie zuvor schon der Ku Klux Klan (KKK) seinen Vater drangsalierte, so war es auch dieses Mal eine *White Supremacist*-Gruppe, die Malcolms Vater aus dem Ort zu verscheuchen versuchte. Mehrere Male mussten die Littles umziehen und niedergebrannte Häuser verlassen, um sich abermals mit ihren eigenen Händen eine neue Existenz aufzubauen. Zu einer Solidarisierung mit den unterdrückten Littles kam es nie. Im Gegenteil: Die Polizei schikanierte sogar Malcolms Vater wegen möglichen Waffenbesitzes. Als Schwarzer sah man sich den mächtigen Weißen hilflos ausgeliefert, die in den Ämtern saßen und die Geschicke des Landes lenkten.

Der Geist des KKK, den schwarzen Menschen als Untermenschen zu betrachten, spukte nicht nur in den Köpfen der Weißen. Selbst Teile der schwarzen Bevölkerung entwickelten daraus ein unterwürfiges Denken. Manche bewusster, andere weniger. Malcolm erzählt über seinen Vater, dass er regelmäßig seine Geschwister auf brutalste Weise schlug. Nur er bildete eine Ausnahme. Malcolm erklärte sich diese Vorgehensweise später damit, dass er als hellhäutigster unter seinen Geschwistern mit leicht rötlichem Haar eben am ‚weißesten' von allen wirkte und dass der Minderwertigkeitskomplex der Schwarzen unbewusst sogar bei seinem Vater, diesem mächtigen und selbstbewussten schwarzen Mann, der zurück nach Afrika wollte, eine Rolle spielte. Es war diese seit mehr als 400 Jahren andauernde körperliche und mentale Versklavung, die den schwarzen Mann geprägt hatte. Nur die wenigsten waren imstande, selbständig zu denken und außerhalb des Korsetts, das der weiße Mann zur Verfügung stellte, frei zu denken und zu sein. Sein Vater war eine dieser wenigen Ausnahmen.

Deswegen erfüllte das Leben seines Vaters Malcolm in seiner Kindheit mit Stolz. Es waren weniger seine Predigten in den baptistischen Schwarzenkirchen. Vielmehr fand Malcolm gefallen am Einsatz seines Vaters für die Botschaft Marcus Garveys. „Sie jagen diesen Weißen Todesangst ein", hörte der junge Malcolm einst eine alte Dame zu seinem Vater sagen. Dass sein Vater ein gefährlicher Mann zu sein schien, imponierte dem jungen Malcolm. Er war der einzige unter seinen sieben Geschwistern, der von seinem Vater zu den Treffen der Garvey-Anhänger mitgenommen wurde. Frühzeitig wurde er dort mit den Gedanken dieser Bewegung vertraut gemacht. Etwas, wovon er später noch profitieren sollte.

Marcus Garvey hatte 1914 die UNIA gegründet und war sichtlich beeinflusst von dem Autor Edward Wilmot Blyden (1832-1912), der bereits schwarzen Nationalismus und Panafrikanismus lehrte.[5] In den 1920er Jahren hatte er schon 1.100 Zweigstellen seiner Vereinigung in mehr als vierzig Ländern errichtet. Zentrale Inhalte seiner Predigten waren einerseits die Befreiung der Afrikaner vom Kolonialismus, andererseits stand die Idee des Separatismus der Schwarzen von den Weißen im Zentrum seiner politischen Ziele - die schwarze Bevölkerung solle nach Afrika rückgeführt werden.[6] Angesichts der christlichen Prägung, wonach Gott den Menschen in seinem Bilde erschaffen habe, hatte Garvey auch eine religiöse Botschaft:

> „Gott lehrt uns einen Gott in unserem Bilde zu verehren [...] Wir sind schwarz und um in unserem Bilde zu sein muss Gott schwarz sein [...] wir haben einen falschen Gott verehrt [...] wir müssen einen unsrigen Gott schaffen und diese neue Religion den Negern der Welt geben."[7]

Elijah Muhammad, dem Malcolm später viele seiner besten Jahre opfern sollte, war selbst einst Mitglied der UNIA. Es ist kein Zufall, dass viele der zentralen religiösen Ideen der Nation of Islam bereits in der UNIA gepredigt wurden, wenn auch die UNIA eher wirtschaftlich ausgerichtet war.[8] Die in erster Linie politischen Treffen empfand Malcolm im Gegensatz zu den Kirchenpredigten weitaus weniger emotional und konzentrierter. Bilder ihres Anführers wurden von Hand zu Hand gereicht. Ein jedes Treffen endete mit dem Schwur „Auf, du mächtige Rasse, du kannst vollbringen, was in deinem Willen steht!".[9] Aber selbst in religiöser Hinsicht scheint bereits vieles in seinen Schoß gelegt worden zu sein. Die strengeren Diätregelungen der Nation of Islam, wie das islamische Schweinefleischverbot, lernte er bereits bei seiner Mutter kennen, die ein solches Verbot als Anhängerin einer christlichen Gemeinde befolgte.

7

Bereits im Alter von sechs Jahren verlor Malcolm seinen Vater durch die Hände weißer Rassisten. Die staatlichen Behörden aber registrierten den Tod seines Vaters als Selbstmord und nicht als Ermordung durch eine organisierte Bande weißer Rassisten. Damit wurde der Anspruch der Familie auf eine abgeschlossene Lebensversicherung unmöglich. Gleichzeitig wurde damit der Grundstein gelegt, um das Leben der Familie Little zu zerstören. Aber schon lange vor diesem strukturellen Rassismus machte Malcolm seine Erfahrungen mit rassistischen Erlebnissen.

Malcolm wurde im Alter von fünf Jahren eingeschult. Weil seine Familie die einzige schwarze in diesem Landstrich war, konnte er als einziger in eine von Weißen dominierte Schule gehen. Das war ein Privileg. Damit war er aber noch nicht automatisch bessergestellt. Denn er erlebte damit hautnah, von früh an rassistische Ausgrenzung. Den Namen ‚Neger‘ hörte er so oft, dass er und seine Geschwister dachten, es wäre ihr Nachname. In seiner Schulzeit wurde das Stehlen von Wassermelonen ‚Cooning‘ genannt, was gleichzeitig ein Schimpfwort wie ‚Neger‘ war. Schlechtes Verhalten wurde mit Schwarz-Sein gleichgestellt, erinnert sich Malcolm. Der Rassismus war so allgegenwärtig, dass er als selbstverständlich aufgesogen wurde.

Die rassistischen Muster der US-amerikanischen Gesellschaft sollte Malcolm stets am eigenen Leib erleben. Malcolm erinnert sich an die Zeit, als er im Kindesalter noch in eine Besserungsanstalt gesteckt wurde, wo ihm das merkwürdige Verhalten mancher Weißer auffiel. Auch wenn sie ihn gut behandelten, so fühlte er eine tiefsitzende entmenschlichende Geringschätzung im weißen Gegenüber. Er fühlte sich in der Anwesenheit der Weißen wie ihr

Haustier. Sie sprachen über ihn in seiner Anwesenheit, als ob er nicht da wäre. Und auch wenn sie ihre Haustiere mochten, so waren sie ihnen nie ebenbürtig in ihrer Gefühlswelt oder in ihrem Denken. Aus der Sicht Malcolms war es eine ‚freundliche Herablassung‘ der Weißen gegenüber den Schwarzen.

Wie schon erwähnt, stellte der Tod seines Vaters den Beginn des Zerfalls der Familie Little dar. Seine Mutter war mit acht Kindern nun auf sich gestellt. Sie fand zwar immer wieder Arbeit - nicht zuletzt aufgrund ihres helleren Teins - sobald aber ihre Arbeitgeber von ihren schwarzen Kindern Wind bekamen, oder noch schlimmer, erfuhren, wer ihr Ehemann war, wurde sie fristlos entlassen. Die Familie lebte von der gelegentlichen Arbeitstätigkeit der Mutter, dem Geld, das der älteste Sohn Wilfried erarbeitete, sowie der Sozialhilfe. Mit dem Einsetzen der Wirtschaftskrise in den 1930er Jahren wurde es immer schwieriger die materiellen Bedürfnisse der Familie zu decken. Mehr noch als die materielle Enge war es die Würde der Familie, die Malcolms Mutter so lange wie möglich zu erhalten versuchte, die aber mit der Zeit und unter den fast unerträglichen Umständen immer mehr verschwand. Mit dem Ansteigen der Not suchte sich Malcolm außerhalb seines Zuhauses Essen. Er schnorrte bei Bekannten, bestahl Einkaufsläden und entwickelte schließlich ein Verlangen, sofort alles bekommen zu wollen. Mit diesem Verhalten, das immer aggressiver wurde, alarmierte Malcolm die Behörden. Nach mehreren Anzeigen suchten Angestellte der staatlichen Fürsorge seine Mutter auf, um Malcolm mitzunehmen. Sie befürchteten, seine Mutter könne nicht mehr auf die Kinder Acht geben. Die Littles aber setzten alles daran, vom Staat nicht auseinandergerissen zu werden und zusammenzubleiben. In dieser Zeit fand die Familie Little Anschluss an die Sieben Tage Adventisten, die sich neu in dieser Gegend angesiedelt hatten. Dies begann damit, dass Vertreter dieser Kirche zu regelmäßigen Besuchen kamen, bei denen sie die Familie auch mit Büchern versorgten. Obwohl die meisten von ihnen weiß waren, öffneten sie die Türen für die Familie Little, die bei den religiösen Treffen vor allem von der üppigen Küche angetan war. So etwas bildete eher die Ausnahme. Die meisten Kirchen von Weißen waren nur für weiße Menschen. Schwarze hatten für gewöhnlich ihre eigenen Kirchen. Nachdem die Mutter der Littles nach einer einjährigen Beziehung, einen Korb bekam von einem Mann, der ähnlich groß, schwarz und stark gebaut war wie Malcolms Vater, verschlechterte sich die Situation seiner Mutter und daraufhin die der gesamten Familie drastisch. Die staatliche Fürsorge versuchte nun die Familienmitglieder zu spalten, um sie an Adoptiveltern weiterzugeben. Die Mutter begann Selbstgespräche zu führen und die ältesten Geschwister übernahmen immer mehr und mehr die Verantwortung. Malcolm Little wurde zur Familie Gohanna, die ihm bereits bekannt war und die er auch mochte, geschickt. Während er bei seinen Pflegeeltern lebte, besuchte er nach wie vor seine eigene Familie. Da sich aber der Zustand der Mutter zusehends verschlechterte, bis sie schließlich in eine Nervenklinik eingewiesen wurde, brach der Kontakt zu ihr fast gänzlich ab. Das Sorgerecht erhielt nun ein Richter. Die Mutter durfte erst 26 Jahre später die Klinik wieder verlassen, und das in einem noch viel schlechteren Zustand. Die Geschwister der Familie Little wurden auseinander gerissen und auf verschiedene Familien aufgeteilt. Sie kamen zwar immer wieder zusammen und versuchten den Kontakt zueinander aufrecht zu erhalten, aber es lebte nun jeder sein Leben und versuchte sich auf seine Art durchzuschlagen. Sport und Showbusiness waren die einzigen zwei Bereiche, in denen Malcolm einem Weißen die Stirn hätte bieten können. Im Gegensatz zu seinem Bruder Philbert hatte er jedoch keinerlei Talent für den Boxring. Im Klassenzimmer versuchte sich Malcolm fortan durch aggressives Verhalten zu beweisen. Das führte dazu, dass er im Alter von 13 Jahren von seinen Adoptiveltern getrennt und in einem Heim für schwer erziehbare Kinder untergebracht wurde. Da ihn die Leiterin des Heimes mochte, wurde er nicht wie die meisten anderen in eine Besserungsanstalt geschickt, sondern wie nur ganz wenige in die Mason Junior High School, eine Schule für Weiße. Dort war Malcolm ein beliebter Kamerad und genoss hohe Anerkennung. Er beteiligte sich an Freizeitaktivitäten außerhalb des Unterrichts und war mit vielen weißen Kindern befreundet. Auch weil die Leiterin des Heimes eine respektierte Frau war, konnte ihm niemand etwas anhaben. In der siebten Klasse wurde er zum Klassensprecher gewählt, was ihn selbst am meisten von allen überrascht hatte. Es gab auch gute Gründe dafür. Malcolm war Notenbester in der gesamten Schule. Das half aber nur bedingt.

Denn trotz der Anerkennung, die Malcolm als einzelner Schüler erfuhr, war er am Ende für seine weiße Umgebung nur ein ‚Neger'. Nicht nur, dass das der Name war, mit dem er stets gerufen wurde. Auch im Schulunterricht machte sich die Herabwürdigung bemerkbar. Malcolm liebte neben dem

Fach Englisch den Geschichteunterricht. Seinem Geschichtelehrer konnte er aber nur bedingt Respekt zollen. Denn dieser liebt es, Witze über ‚Neger' zu machen. Als im Geschichteunterricht die Geschichte der Schwarzen behandelt wurde – es war ohnehin nur ein Absatz –, lachte sein Lehrer Williams immerzu und vermied es, nicht offensichtlich herabwürdigende Bemerkungen zu machen. Malcom hörte dort, dass die Schwarzen als faul, dumm und unfähig betrachtet wurden:

> „Ich erinnere mich, dass er dann eine eigene anthropologische Fußnote hinzufügte, indem er uns, von Lachen unterbrochen, erzählte, die Füße der Neger seien ‚so groß, dass sie beim Laufen keine Fußspuren hinterlassen, sondern Löcher im Boden.'" [10]

Malcolm fühlte sich wie ein ‚Maskottchen'. Ein Maskottchen wird zwar vor einer Gruppe herumgetragen, ist aber den Gruppenmitgliedern niemals ebenbürtig. Malcolm spürte diese Zweitklassigkeit beim Schulball. Wehe, er hätte sich an ein weißes Mädchen herangewagt! Das bedeutete nicht, dass es keine Kontakte zwischen schwarzen und weißen Frauen und Männern gab. Es gab in Lansing eine Straße, wo schwarze Frauen auf den Strich gingen und von weißen Männern aufgesucht wurden. Und ebenso gab es Orte, wo weiße Frauen schwarze Männer aufgabelten. Malcolm aber hielt sich für die ersten Jahre seines Lebens immer fern von weißen Frauen.

II. Weiße Frauen und schwarze Parties

Malcolm begegnete der ersten schwarzen Frau, die stolz auf ihre Hautfarbe war, erst sehr spät. Sein verstorbener Vater hatte aus erster Ehe eine Tochter hinterlassen, von der er stets geschwärmt hatte. Sie hieß Ella. Für Malcolm verkörperte sie all das, wovon sein Vater zu sprechen pflegte: Sie war bestimmend, unabhängig, tüchtig und pechschwarz wie der Vater der Littles. Als sie die einzelnen Geschwister der Littles in Lansing besuchte, schenkte sie ihnen ein Gefühl des Zusammenhalts und der Würde, die Malcolm – das Maskottchen – mittlerweile so verdrängt hatte. Sie versammelte alle Geschwister, um die Mutter der Littles im Landeskrankenhaus in Kalamazoo zu besuchen. Doch vermochten diese sporadischen Treffen nicht, die Situation der Littles nachhaltig zu verbessern. Es waren Momente der Würde in einem entwurzelten Dasein.

Eine wirklich einschneidende Veränderung ereignete sich, als Malcom im Alter von 15 Jahren Ella in Boston besuchte; von dort kehrte er wie ausgewechselt zurück.. In Boston erlebte Malcolm erstmals, was eine schwarze Gesellschaft war. Er begleitete Ella, erlebte schwarze Küche, schwarze Musik und schwarze Kultur.

Das war ihm vollkommen neu, denn bisher hatte er nur das unterdrückte Einzelgänger-Dasein eines Schwarzen in einer amerikanischen Kleinstadt gekannt. Zurück in seiner Schule in Lansing vermisste Malcolm es umso mehr, Teil dieses schwarzen Bostoner Lebensstils zu sein und er hatte es satt, als einziger Schwarzer das Maskottchen abgeben zu müssen. Und dann geschah etwas, das zum einschneidenden Moment in seinem Leben wurde. Im kommenden Schuljahr stand die High School an. Malcolm war einer der Besten an seiner Schule, aber das änderte nichts daran, dass seine Zukunft von seiner Hautfarbe und nicht von seinem Können abhing. Sein Englischlehrer, den er genauso gerne hatte wie sein Englischlehrer ihn, und der es mit seinem Ratschlag nicht böse meinte, sagte ihm: „Malcolm, du solltest dir Gedanken über deine berufliche Zukunft machen. Hast du schon einmal darüber nachgedacht?". Malcolm, der sich noch nie Gedanken darüber gemacht hatte, antwortete ihm, er wolle Rechtsanwalt werden. Sein Lehrer Mr. Ostrowski, der immer gute Ratschläge fürs Leben gab, antwortete ihm in wohlwollender Absicht:

> „Malcolm, die erste Regel im Leben muss für uns heißen, realistisch zu sein. Versteh' mich jetzt nicht falsch. Du weißt, wir alle hier mögen dich. Aber du musst dir klar darüber werden, was es bedeutet, ein Neger zu sein. Rechtsanwalt zu sein – das ist kein realistisches Ziel für einen Neger. Du musst dir etwas ausdenken, was du wirklich werden kannst. Du bist geschickt mit deinen Händen – beim Anfertigen von Dingen. Jeder bewundert deine Holzarbeiten. Warum verlegst du dich nicht aufs Tischlerhandwerk? Die Leute mögen dich hier, du würdest genug Arbeit bekommen."[11]

Diese Worte schockierten ihn tief. Während Malcolm bessere Noten als viele andere hatte und jeder seiner weißen Mitschüler von Mr. Ostrowski ermutigt wurde, seinen Weg zu gehen, sollte Malcolm Tischler werden. Von nun an änderte sich das Verhältnis Malcolms zu seinen weißen Mitmenschen drastisch. Er zog sich immer mehr zurück. Wurde das Wort ‚Neger' verwendet, dann starrte er die Person, die dieses Wort gesagt hatte, geradeaus an. Seine weiße Umgebung spürte die Veränderungen. Zuerst in der Schule, dann in der Arbeit und schließlich in der Adoptivfamilie. Malcolm sprach jedoch mit niemandem offen darüber, was in ihm vorging. Als Konsequenz seiner Zurückgezogenheit wurde er zu einer befreundeten schwarzen Familie, den Lyons, geschickt. Als er die achte Klasse abgeschlossen hatte, bat er Ella, ihn nach Boston holen zu lassen. Und sein Traum ging in Erfüllung. Damit ließ er das Kleinstadtleben in Lansing als unterdrückter und mental versklavter Schwarzer, der sich diesem Zustand fügte, hinter sich und trat ein in das Leben der schwarzen Bevölkerung Amerikas, das ihn so angezogen hatte.

Begeistert von der Stadt tauchte er in das urbane Leben ein. Musiker wie Glenn Miller, die auf den High School Tanzabenden gespielt wurden, erlebte er nun hautnah. Er folgte dem Rat Ellas nicht, die ihn bei den wohl behüteten, jungen Schwarzen sehen wollte. Er ging ins Ghetto, wo das Leben pulsierte. Dort gab es zwölfjährige Kinder, die rauchten, spielten, fluchten und tranken. Die Haare der Schwarzen waren dort zu ‚Conks' geglättet. Sie hatten ‚Style'. Abends konnte er sogar Weiße und Schwarze Hand in Hand durch die Straßen gehen und in Bars sitzen sehen. In einer Billardhalle im Ghetto lernte er auch seinen Kumpel Shorty kennen, der dort arbeitete. Shorty war ein Jahr in Lansing zur High School gegangen, weshalb er Malcolm seinen Homeboy –

also Kumpel - nannte. Er führte Malcolm in das Stadtleben ein, erklärte ihm, wer die Macher in der Stadt waren und wo er Marihuana bekommen konnte. Er verschaffte ihm noch am gleichen Abend, als sie sich kennenlernten, einen Job als Schuhputzer in einem Tanzsaloon. Shortys Freund führte ihn in die Kunst des Schuhputzens ein, da dieser einen besseren Job bekommen sollte und auf einen Cadillac hinarbeitete. Er lernte von ihm, worauf er bei den Tanzbällen von Schwarzen und Weißen Acht geben musste, um ein ‚erfolgreicher‘ Schuhputzer zu werden. Und bald fand er auch heraus, dass es beim Job des Schuhputzers weniger ums Schuhputzen ging als um das Verkaufen von Marihuana, Schnaps und der Vermittlung schwarzer Prostituierter an weiße Freier. Der Schuhputzer war die Drehscheibe zwischen der Welt der Schwarzen und Weißen, denn es war als Schwarzer nicht einmal gestattet auf weißen Bällen anwesend zu sein. Und auch wenn sich offiziell die meisten Menschen an diese Sache hielten, gab es genug Menschen, die aus unterschiedlichsten Gründen an einer Beziehung interessiert waren und durch den Schuhputzer war der Raum für diese Beziehungen geschaffen. Mit Shorty zog Malcolm dann durch die Nacht, rauchte sich selbst den Kopf frei oder erwärmte sein Inneres mit Whiskey. Shorty verpasste Malcolm auch seinen ersten Conk. Ein Conk bedeutete, das Haar mithilfe von ätzender Lauge zu glätten. Es war – besonders beim ersten Mal – ein fürchterlich schmerzhafter Vorgang, dem sich Schwarze aussetzten. Malcolm reflektiert diesen Vorgang später folgendermaßen:

„Dies war ein wirklich großer Schritt zur Selbsterniedrigung: Als ich all diese Schmerzen ertrug, meine Haut buchstäblich mit Lauge verbrannte, mein natürliches Haar weichkochte, nur damit es aussah wie das Haar von Weißen. Ich hatte mich damit jener Masse von schwarzen Männern und Frauen in Amerika zugesellt, die eine Gehirnwäsche durchgemacht haben und glauben, dass schwarze Menschen ‚minderwertig‘ und Weiße ‚überlegen‘ sind, so dass sie beim Versuch, nach weißen Maßstäben ‚schön‘ auszusehen, sogar ihre von Gott geschaffenen Körper verletzen und verstümmeln."[12]

Der Conk wurde nicht nur von den Ghetto-Leuten oder der Mittelschicht, sondern auch von der schwarzen Oberschicht getragen. Während die Männer Conks trugen, die ihr Haar glatt zeigten, trugen Frauen Perücken, um wie weiße Frauen auszusehen. Es war ein Zeichen der Erniedrigung, der mentalen Versklavung, wie es Malcolm später immer wieder beschrieben hatte. Die schwarzen Massen eigneten sich dieses Symbol der Unterlegenheit an, das besser als jedes andere Symbol ihre mentale Versklavung verkörperte.

Malcolm gab sich fortan auch dem Tanz hin. Anfangs traute er sich nicht so recht, denn aus seiner von Weißen geprägten Jugendzeit verband er Tanzen mit einer bestimmten Ordnung. Da gab es den Paartanz, der nach klaren Regeln ablief. Auf den Partys mit Shorty lernte er aber, einfach drauflos zu tanzen, mit der Musik mitzuschwingen, sich ein Mädchen zu packen und durch die Luft zu schleudern. Bald gab es keinen Tanzabend mehr ohne Malcolm. Er wurde zum Sinnbild des ‚Tanznegers‘, einer aufziehbaren Puppe, die es damals überall verteilt in den Staaten gab, weil Tanz und Musik eines der wenigen Bereiche war, die man den ‚Negern‘ zugestand.

Für Malcolm begann hier ein neues Leben. Er war zwar erst 16, suchte aber immer nach neuen Ufern. Nach seinen ersten Erfahrungen mit leichten Drogen wurden bald Frauen zum Thema. Malcolm lernte eine gutbürgerliche, junge Frau namens Laura an seinem neuen Arbeitsplatz in einer Getränkeausschenke kennen. Den Job, den er eigentlich nicht annehmen wollte, hatte ihm seine Schwester Ella vermittelt. Eigentlich wäre er viel lieber in der Innenstadt im Kleinganovenleben geblieben. Aber er respektierte eben seine große Schwester Ella. Die unberührte Laura, die stets mit Schulbüchern in den Getränkeladen kam, wurde von Malcolm in das Nachtleben eingeführt. Sie waren allerdings nur für kurze Zeit zusammen. Das erste richtige Date zwischen Malcom und Laura sollte der Anfang vom Ende ihrer Beziehung sein. Malcom bot mit seiner neuen, braven Freundin einen großartigen Tanzauftritt dar. Und während Red – diesen überaus coolen Namen hatten ihm seine Kumpels aufgrund des leichten Rotstichs in seinen Haaren gegeben – einen Wahnsinnsmove nach dem anderen hinlegte, nahmen ihn die Augen einer unbekannten Weißen in den Bann. Er hatte sie noch nie zuvor gesehen. Daher konnte sie kein Mädchen, das leicht zu haben ist, sein - wie der Rest der weißen Frauen auf solchen Veranstaltungen. Sie hieß Sophie und nachdem Malcom Laura zu einer anständigen Zeit nachhause gebracht hatte, kehrte er am selben Abend zurück zu Sophie. Ja, er verriet Laura nach kurzer Zeit für eine weiße Frau. Diese war für seinen Ruf prestigeträchtiger. Und es entwickelte sich tatsächlich eine enge Beziehung zwischen diesem Paar, die noch lange dauern sollte. Malcolm und Sophie waren, wie so viele gemischtfarbige Paare, magisch voneinander angezogen. Sie trafen sich nun täglich und verbrachten bis in die frühen Morgenstunden Zeit miteinander. Eine weiße Freundin zu haben steigerte zudem Malcolms Prestige unter den Schwarzen.

Aber all das hatte seinen Preis: Das anständige Mädchen Laura, das sitzengelassen wurde, sollte Malcolms Zurückweisung nicht einfach so wegstecken können. Malcom hatte sie in das Nachtleben eingeführt, ihr die Türen zur Hölle geöffnet. Sie hingegen fand den Weg nicht mehr raus. Laura ereilte das traurige Schicksal einer drogensüchtigen Alkoholikerin, die ihren Körper an fremde Männer verkaufte, um sich ihren Drogenkonsum leisten zu können. Sie hasste es und lernte später auch die Männer zu hassen, die für ihre Dienste bezahlten und entschied sich daher, Liebe nur noch bei Frauen zu suchen. Malcolm vergaß dieses Mädchen und ihr Schicksal nicht. In seinen letzten Lebensjahren wurde er sich bewusst, dass er die Schlüsselfigur für ihren Absturz war, denn er hatte ihr die Tore in dieses verwunschene Leben geöffnet, um sie dann für eine weiße Frau links liegen zu lassen.

Malcolm sollte nicht für ewig in der Kleinstadt Roxbury bleiben. Es war wieder seine Schwester Ella, die ihm zu einem Job verhalf. Dieser war aber wesentlich besser als der erste. Von nun an sollte er alle zwei Tage im Schnellzug von Boston nach New York unterwegs sein, um Snacks zu verkaufen. New York, besser gesagt Harlem, zog ihn an wie einen Magneten. Malcolm war hypnotisiert von der Stadt, die ihm jede Art schwarzen Lebens zeigte, die man in den Staaten anfinden konnte. Von den großen Ballrooms, den Kleinkriminellen über die Mittelschicht, bis zu den Prostituierten und Großganoven. Bald wurde er ein bekanntes Gesicht und die Barmixer wussten, welchen Drink man zubereitet, wenn Red das Lokal betrat. Malcolm machte mit New York und Harlem Bekanntschaft und erweiterte Stück für Stück seinen Freundeskreis.

Bei seinem Lebensstil konnte er seinen Arbeitsplatz jedoch nicht lange halten: Seine Sandwiches verkaufte er meist vorlaut, weil er entweder high vom Marihuana oder angetrunken von zu viel Whiskey war. Trotz mehrerer Verwarnungen hielt er sich nicht zurück und musste daher seinen Job im Zug aufgeben. Aber Malcolm berührte das nicht wesentlich, da er stets so high war, dass er glaubte, durch das Leben zu fliegen.

Trotz allem gab es aber auch Momente, in denen er etwas runterkam. Einer dieser wenigen Momente war der Besuch bei seiner Mutter im Landeskrankenhaus in Kalamazoo. Wenn er vor dieser einst so stolzen und starken Frau stand, die nun vollkommen zerstört und verwirrt war, gab es keinen Platz zum Fliegen, sondern nur tiefe Trauer. Malcolm konnte und wollte sich aber nicht mit diesen Gefühlen auseinandersetzen, also versuchte er diese Bilder und Erfahrungen so schnell wie möglich wieder mit Drogen zu verdrängen

Nach mehreren Jobs landete er schließlich als Kellner in Small's Paradise, seiner absoluten Lieblings-Bar. Es war der Ort der alten Dinosaurier, die ihm Geschichten des Stadtteils Harlem und der Schwarzen in New York erzählten. Und so mancher Kunde erzählte von seinen Wettspielen, von der Zuhälterei, seinen Drogengeschäften oder Raubüberfällen. Für Malcom schien die Zeit wieder reif ein neues Ufer zu suchen.

Durch den neuen Job zog Malcolm in einen neuen Wohnblock in Harlem, der für die Prostitution bekannt war. Nirgendwo sonst lernte er so viel über das Verhältnis schwarzer und weißer Menschen wie in seinem neuen Wohnblock. Die Prostituierten, die es dort zuhauf gab, wurden später in den Zeiten der Nation of Islam Malcolms beste Bekannte; sie erzählten ihm von den Begierden weißer Männer, die die schwarzen Frauen nicht nur in der Nacht und in den Morgenstunden, sondern sogar am helllichten Tag aufsuchten. Denn in der Nacht versteckten sich diese Männer, oftmals mit Weißen verheiratet, vom offiziellen Rassismus. Aber auch weiße Frauen suchten als Prostituierte oder aber zum Vergnügen schwarze Männer auf. Es war die Begierde, v.a. die ‚tabuisierte Begierde‘, die im Brennpunkt der Weißen stand. Aber es gab auch manche Fälle der absoluten Liebe, wie sie Malcolm bezeichnete.[13] Das galt auch für Malcolms langjährige Freundin Sophie. Sie blieb ihm sogar in New York erhalten und besuchte ihn dort ab und zu. Selbst, als sie einen gut betuchten Weißen, der der Marine diente, ehelichte, sollte die Beziehung im Geheimen fortdauern.

Über die Begierden der Weißen erfuhr Malcom später noch einiges mehr. Vor allem als er Fahrer für die Weißen aus Manhattan wurde, die sich in Harlem vergnügten. Es waren Gangster, Industrielle, Politiker und Personen aus der Kunst- und Filmszene, die sich von schwarzen Frauen verwöhnen ließen. Je dunkler die

Hautfarbe der Frau, desto besser, lautete die Devise. Umgekehrt galt dies auch für die schwarzen Männer, die von weißen Frauen begehrt wurden. Das wussten auch die Zuhälter, die dementsprechend ihr Personal rekrutierten.

Eine weitere Etappe in Malcolms Arbeitsleben war der Verkauf von ‚Reefers', fertig gedrehten Marihuana-Zigaretten. Aus dem Kellner-Beruf kannte er die Szene und enge Kontakte brachten ihn zu den Verkäufern. Seine Kundschaft bestand vor allem aus Musikern, von denen er die berühmtesten und besten persönlich kennenlernte. Er rauchte mit ihnen, pflegte den persönlichen Kontakt und fühlte sich mit jungen 17 Jahren und einem Batzen Geld in der Tasche wie der freieste Mann auf Erden. Nach einer Weile bekam das Rauschgiftdezernat Wind von dem jungen Dealer. Detroit Red, wie Malcolm genannt wurde (es gab nämlich mehr als einen Red in Harlem), versuchte sich so gut wie möglich ohne Beweislast zu bewegen. Das Päckchen Reefers zwickte er immer zwischen seine Achseln, damit er es fallen lassen konnte, sobald er ahnte, dass ihm jemand auf die Schliche kam. Täglich wechselte Malcolm sein Zimmer und alle zwei Tage wurde er von den Gesetzeshütern auf offener Straße kontrolliert. Die Lage wurde bald zu heiß und angespannt, sodass er seinen alten Eisenbahnausweis nahm und sich auf Tournee, als erster mobiler Reefer-Händler, machte. Auf diesem Wege versorgte er die Musiker, die auf Tournee waren. Malcolm lebte das Leben eines getriebenen Hustlers, eines Kleinganoven, der nie zur Ruhe kam, wie er später schreibt:

„Jetzt, in diesem Moment, halten sich in den Groß-
stadtghettos Zehntausende von Jugendlichen, die gerade oder schon vor einiger Zeit die Schule abgebro-
chen haben, als Hustler mit irgendwelchen dunklen
Geschäften über Wasser, genauso wie ich es damals
tat. Und unausweichlich geraten sie mehr und mehr
in immer tiefere Abgründe von Gesetzlosigkeit und
Unmoral. Hustler, die rund um die Uhr aktiv sind,
kommen nie dazu, sich mal in Ruhe klarzumachen, in
was für einem Dschungel sie sich bewegen. Das Leben eines Hustlers ist von früh bis spät ganz praktisch
und durch eine unbewusste Ahnung davon bestimmt,
dass sich sofort die anderen hungrigen und ruhelosen
Füchse, Marder, Wölfe und Geier ohne zu zögern auf
ihn stürzen und ihn zu ihrer Beute machen würden,
sobald er sich auch nur einen Moment ausruhen oder
nur eine Sekunde in seiner Wachsamkeit nachlassen
würde."[14]

1943 erhielt Malcolm das Furchterregendste neben Gefängnis
und regelmäßiger Arbeit: Seinen Einberufungsbefehl zur Armee!
Wie viele andere Schwarze, dachte er sich: „Whitey gehört alles. Wir sollen losgehen und für ihn bluten? Soll er doch selbst
kämpfen!"[15] Malcolm malte sich eine Strategie aus. Er lief überall herum und erzählte, wie gerne er in den Krieg ziehen möchte.
Kämpfen wolle er, für die Japaner! Bei der Musterung spielte er
entsprechend verrückt und präsentierte sich lautstark als Kriegs-

lustigen. Beim Heerespsychiater angelangt, setzte er dem Ganzen noch einen drauf: Gewehre wolle er klauen, um in den Südstaaten weiße Rassisten abzuknallen. Das war das Sahnehäubchen auf der Torte, das noch fehlte, um bei dem weißen Arzt eine klare Meinung über Malcolm entstehen zu lassen. Er wurde als unzurechnungsfähig ausgemustert und hatte somit sein Ziel erreicht.

Zurück in Harlem war es vorbei mit dem Reefer-Verkauf in den Zügen, da er es sich dort auch mit der Polizei verscherzt hatte. Und so musste er sich was anderes suchen, denn im Marihuana-Business war er mittlerweile amtsbekannt. Mit schweren Drogen wie Kokain aufgepumpt, begann er nun, kleinere Raubüberfälle in Nebenorten zu machen. Drogen waren für Malcolm Essen, Waffen trug er wie andere Krawatten. Malcolm lebte das Leben eines getriebenen Kleinganoven. Einmal legte Malcolm sich mit dem legendären Gangster West Indian Archie an, von dem er seinen Gewinn eines Losspiels forderte. Bei Indian Archie hatte er schon tausende von Dollars gelassen. Da er aber nie etwas notierte und wegen seines unheimlichen Gedächtnisses bekannt war, und Malcolm gut leiden konnte, händigte er ihm direkt die geforderten 300 Dollar aus. Ein paar Tage später stand Archie jedoch mit der Kanone vor seinem mit Drogen zugedröhnten Kopf und forderte zurück, was ihm gehörte. Malcolm war sich nicht sicher, ob Archie die Zahlen vertauscht hatte oder sich zum ersten Mal irrte. Das war aber auch gleichgültig. Denn das Gesetz des Gangster-Dschungels verlangte, dass niemand seine Ehre verlieren durfte und am Ende nur eine Person übrigbleiben konnte. Archie gab Malcolm 24 Stunden, das Geld zu besorgen. Zu einem Zusammenprall kam es allerdings nicht. Da die Luft für Malcolm aber immer dünner wurde, holte ihn Shorty ab und brachte ihn zurück nach Roxbury. Er wollte seinen Homeboy nicht in Blut schwimmend auf der Straße auffinden.

Abbildung 1: Malcolm Little, kurz bevor er inhaftiert wurde.

In Roxbury eilte ihm sein Ruf voraus. Der Glanz von New York haftete seinem Ruf an und Detroit Red avancierte bald zum Mega-Ganoven. Das half ihm, schneller den entsprechenden Respekt in der Stadt zu bekommen. Im Pokern zeigte Malcolm sein Können und spielte die damaligen Größen der Stadt aus. Da das Geld aber bald aus war und Red keiner Arbeit nachgehen wollte, entschloss er sich, eine neue Geschäftsidee auszuprobieren. Gemeinsam mit Shorty, einem weiteren Freund, seiner weißen Freundin Sophie und ihrer jüngeren Schwester, die mit Shorty zusammen war, gründete er eine Einbrecherbande. Damit begann eine neue Ära. Die Bande zog durch die weißen Vororte, die die Frauen unaufmerksam erkunden konnten und raubten sie anschließend aus. Sie verdienten gutes Geld damit und gaben es haufenweise aus. Die Frauen trugen Pelze, die Männer schleuderten das Geld in den Bars vom Fenster raus. Aufgrund ihres luxuriösen Lebensstils dauerte es nicht lange, bis die Bande aufflog. Jeder außer Shortys Freund wurde geschnappt. Vor dem Richter war das Team aber nicht mehr eins. Sophie und ihre Schwester kamen mit einer geringen Kaution frei. Es schien, als wäre in ihrem Fall nicht der Einbruch das Vergehen gewesen, sondern der Umstand, dass sie sich als Angehörige der weißen, oberen Mittelschicht mit Schwarzen eingelassen hatten. Malcolm meinte zynisch zu einem der Anwälte vor dessen Eintreten in den Gerichtssaal: „Offensichtlich werden wir hauptsächlich wegen dieser Frauen bestraft".[16] Dieser lief rot an und erwiderte: „Was habt ihr euch auch an weißen Frauen zu vergreifen!"[17] Am Ende erhielten die Frauen ein bis fünf Jahre in einer Besserungsanstalt für Frauen, während Malcolm und Shorty zehn Jahre Gefängnisstrafe bekamen.

III. Satan im Knast

Mit nicht einmal 21 Jahren trat Malcolm im Februar 1946 seine Haftstrafe in Charlestown an. Der plötzliche Drogenentzug setzte ihm enorm zu. Detroit Red fühlte sich wie ein elendes Schwein. Als Ersatzdroge holten sich Inhaftierte damals Muskatmehl von den Gefängniswärtern, die damit den größten Teil ihrer Verdienste machten. Red erhielt bald aufgrund seines extrovertierten Verhaltens einen neuen Namen. Sein markantestes Merkmal waren seine Flüche, mit denen er das Personal überhäufte, von den Seelsorgern bis zu den Psychologen. Vor allem aber aufgrund seiner Fluchausbrüche gegen Gott und die Bibel erhielt er bald den Namen ‚Satan'. Sein gehorsamsverweigerndes Verhalten führte regelmäßig zu Einzelhaft, die aufgrund der gesetzlichen Begrenzung aber immer ein Ende kannte. Dann kehrte Satan wieder in seine Zelle zu seinem Zimmerinsassen zurück. Wie ein verlorener Wilder streifte er durch den betonierten Dschungel des Gefängnisses. Im Knast erregte ein Mensch die Aufmerksamkeit von Malcolm. Es war ein einzigartiger Mensch, der sich von allen anderen unterschied. Sein Name war Bimbi. Ihm gelang es, als einer der Wenigen, Menschen und selbst die Wächter, die sonst keinem Schwarzen Aufmerksamkeit schenkten, zum Zuhören zu bewegen. Das Besondere daran war, dass er für diese Aufmerksamkeit nicht mehr als die Sprache verwendete. Bimbi animierte auch Satan zum Lernen. Da Malcolm aber nach der achten Klasse alles liegen gelassen hatte und das meiste aus seinem Gedächtnis durch den Drogenkonsum ausgelöscht war, dauerte es ein ganzes Jahr bis er wieder einen ordentlichen Brief in leserlicher Schrift verfassen konnte. Bimbi ließ aber nicht locker und war bedacht, Malcolm zu neuen Einsichten zu bewegen. Er animierte ihn insbesondere zum Studium über die Herkunft der Wörter, der Etymologie. Etwa in dieser Zeit schrieb ihm sein Bruder Reginald folgende Zeilen: „Malcolm, iss kein Schweinefleisch mehr und hör' auf zu rauchen. Ich werde Dir zeigen, wie Du aus dem Gefängnis rauskommst!".[18] Die Möglichkeit, aus dem Gefängnis frei zu kommen, wirkte so berauschend für Malcolm, dass er dem Rat einfach folgte, ohne weiter darüber nachzudenken. „Hauptsache raus aus dem Gefängnis", so die Devise Malcolms. Seine Genossen im Knast bemerkten die Neuigkeit und verbreiteten die Nachricht unter sich, dass Satan kein Schweinfleisch mehr zu sich nahm. Seine Geschwister aus Detroit und Chicago waren in der Zwischenzeit allesamt der Nation of Islam beigetreten und verfolgten damit die ‚natürliche Religion der Schwarzen', wie sie es ihm in den Briefen mitteilten. Damit konnte Malcolm aber noch wenig anfangen. Während all diesen Entwicklungen bemühte sich Ella, ihn in eine bessere Haftanstalt nach Norfolk verlegen zu lassen, was ihr dann auch gelang. Dort gab es nicht nur mehr Luft zum Atmen: Anstelle von Gittern, gab es Wände und damit also einzelne richtige Zimmer, die mit Toiletten anstatt mit einfachen Kübeln ausgestattet waren. Außerdem war der Anteil der Schwarzen hier nur 10-15%. Sein Bruder Reginald, der am besten Malcolms Hustler-Leben kannte, suchte ihn als Erster seiner Brüder auf. Er sah hervorragend in seinem schwarzen Anzug aus, ging nicht auf das Rätsel des

Schweinfleischs und Rauchens ein, sondern erzählte ihm von Allah, so wie es Elijah Muhammad gelehrt hatte:

„Allah kam im Jahre 1930 von der heiligen Stadt Mekka, aus Arabien, zu uns. Er benutzte den Namen Wallace D. Fard, […] Er kam allein. Er begann uns das Wissen über uns selbst, über Gott und den Teufel, über die Messung der Erde, über Planeten und über Zivilisationen auf anderen Planeten außer der Erde zu lehren. […] Er verkündete die genaue Geburtsstunde der weißen Rasse. […] Er lehrte uns die Wahrheit, wie wir zu ‚Sklaven‘ gemacht wurden und wie wir von den Kindern der ‚Sklavenhalter‘ in der Sklaverei gehalten werden. Er lehrte den überfälligen Untergang von Amerika für das Übel, welches sie uns angetan hatten und dass sie als erste zerstört werden. Ihr Urteil konnte nicht verfügt werden, bis wir die Wahrheit hören. […] Er erklärte, dass wir ohne Wissen über uns selbst (knowledge of self) jemand anderes waren, wie wir blind, taub und stumm von dieser weißen Rasse der Menschen gemacht worden sind und wie wir zu unserem Volk, unserem Gott und Seiner Religion des Friedens (Islam), der Religion der Propheten, zurückkehren müssen. Wir müssen die Sklavennamen unserer Sklavenhalter aufgeben und den Namen von Allah (Gott) oder eines seiner göttlichen Attribute akzeptieren. Er hat uns ebenso gelehrt, alle bösen Taten und

Praktiken aufzugeben, rechtschaffen zu handeln, oder wir werden von der Erde hinweggefegt werden."[19]

Anfangs irritiert und etwas abgestoßen, zogen ihn diese Lehren Elijah Muhammads Stück für Stück in den Bann. Malcolm arbeitete seine Erfahrungen mit Weißen in seinem Kopf auf. Sein Bruder Philbert sagte ihm, dass Allah in der Person von Fard Muhammad auf die Erde gekommen war und Elijah Muhammad, dem ‚Gesandten' Allahs, predigte, dass die schwarze Zivilisation göttlichen Ursprungs sei und den ursprünglichen Menschen darstelle. Der aus Mekka verstoßene Jakob habe sich samt seinen 59.999 Gefolgsleuten gegen Allah verschworen, um ein Teufelsgeschlecht auf Erden zu erschaffen: nämlich die weiße Rasse. Nach 6000-jähriger Existenz und Herrschaft des blauäugigen, weißen Teufels sei nun aber die Zeit des weißen Teufels vorüber und die schwarzen Menschen würden bald ein Reich errichten, in dem Gleichheit, Freiheit und Gerechtigkeit herrsche. Fard Muhammad, der in Menschenform zu den Schwarzen in den USA gekommene ‚Gott', lehrte, dass die afroamerikanischen Menschen keine Neger seien, sondern ursprünglich aus Mekka kämen und dem Stamme Shabbazz abstammten, der sogenannten Lost-Found Nation of Islam.[20] Spätere Forscher meinten, Fard sei ein Anhänger des Science Moorish Temple gewesen, einer Sekte, die sich nominell auf den Islam berief und heute noch in den USA existiert. Fard selbst präsentierte sich als ‚Prophet'. Aber Elijah Muhammad verbreitete die Nachricht, dass er seine ‚Göttlichkeit' enthüllt hatte und Fard ihm dieses Geheimnis bestätigt habe; womit Elijah selbst zum ‚Propheten' wurde, dem Fard als ‚Gott' in Menschenform die Botschaft überreicht hatte.[21] Malcolm begann seine Erfahrungen mit dem ‚weißen Teufel' wie am Bildschirm abzuspielen:

„An meinem geistigen Auge zogen alle mir bekannten Weißen vorbei – von Beginn meines Lebens an… die Weißen von der Behörde, die ständig in unserem Haus gewesen waren, nachdem andere Weiße, die ich nicht kannte, meinen Vater umgebracht hatten… die Weißen, die, in meiner Anwesenheit und der meiner Geschwister, meiner Mutter unablässig ins Gesicht gesagt hatten, sie sei verrückt, bis sie schließlich von Weißen in die Anstalt nach Kalamazoo gebracht worden war […] der weiße Richter und andere, die uns Kinder getrennt hatten […] die Swerlins und die anderen Weißen in der Gegend von Mason… die weißen Mitschüler […] und die Lehrer, zum Beispiel derjenige, der mir in der achten Klasse gesagt hatte, ich solle Tischler werden, denn ein Schwarzer, der Rechtsanwalt werden wolle, sei verrückt."[22]

Und so erschien ihm die These vom weißen Teufel anfangs noch etwas abwegig, aber dennoch plausibel. Seine Geschwister schickten ihm einen Brief nach dem anderen mit den Lehren des Islams, die die wahre Erkenntnis der Nation of Islam enthielten.

Die Geschichte der Schwarzen sei von den weißen Teufeln gefälscht worden. Der Schwarze sei einer jahrhundertelangen Gehirnwäsche unterzogen worden, seines Namens, seiner Sprache und seiner Religion beraubt worden. Der weiße Teufel hatte sie versklavt, des Ur-Kontinents Afrika beraubt und Millionen von versklavten Afrikanern nach Amerika verschleppt. Anstatt ihrer ursprünglichen Namen wurden sie nunmehr einfach ‚Neger‘ genannt. Ihnen wurde gelehrt, dass ihre Kultur eine minderwertige sei und sie begannen, den Weißen anzuerkennen, zu gehorchen und schließlich anzubeten, so wie Shorty Sophias Schwester anhimmelte und die schwarzen Kirchengänger einen weißen Jesus anbeteten. Der blonde, blauäugige und helle Jesus war der Gott der christlichen Religion, die zur Unterdrückung des farbigen Menschen kreiert wurde. Das Studium der Geschichte bewies für Malcolm die Ideen Elijah Muhammads. Der Psychoanalytiker Frantz Fanon schrieb darüber:

„Die Kirche in den Kolonien ist eine Kirche von Weißen, eine Kirche von Ausländern. Sie ruft den kolonisierten Menschen nicht auf den Weg Gottes, sondern auf den Weg des Weißen, auf den Weg des Herrn, auf den Weg des Unterdrückers."[23]

Malcolm entdeckte die Geschichte der Schwarzen vollkommen neu: Diese Geschichte lehrte, dass der schwarze Mann begann, sich selbst zu hassen, seine Hautfarbe, seine Haare und alles weitere, was den Schwarzen charakterisierte. Stattdessen verehrte er alles Weiße. Diese Psychologie lehrte den Schwarzen, seine Wange hinzuhalten, sich unterdrücken zu lassen und um das Paradies im Jenseits zu flehen, während der weiße Teufel das Paradies auf Erden lebte. Und Fard Muhammad war gekommen, um den sogenannten ‚Neger' aus der ‚Wildnis Nordamerikas' in die wahre Zivilisation, den Islam, vom Paradies der Weißen in der Wildnis Nordamerikas, die die Hölle der Schwarzen auf Erden war, ins wahre Paradies zu führen. Malcolm brauchte Zeit, um diese Geschichte zu verarbeiten. Aber sie ließ ihn nicht los und erschien ihm immer einleuchtender. Die intellektuelle Annahme dieser Idee fiel ihm leichter, als die seelische Annahme. Malcolm meinte:

> „... auf die Knie zu gehen, um zu beten – dieser Akt... – nun, ich brauchte eine Woche, bis ich soweit war. Mein Leben hatte bis dahin anders ausgesehen. Niedergekniet hatte ich mich vorher bestenfalls in der Absicht, ein Schloss zu knacken, um ein Haus auszuräumen. Ich musste mich zwingen, meine Knie zu beugen. Gefühle von Scham und Verlegenheit, die mich immer wieder überwältigten, trieben mich jedes Mal erneut wieder hoch."[24]

Nachdem Malcolm nun selbst das Schreiben wiedererlernt hatte, begann er tagtäglich Briefe an Elijah Muhammad und seine Familienangehörigen zu schreiben; anfangs noch etwas holprig, dann nach dem Studium des Lexikons immer geübter. Stück für Stück erweiterte sich sein Verständnis für die Ideen der Nation of Islam. Bereits während dieser Zeit entwickelte sich Malcolm ganz ohne Auftrag zum eifrigen Sprecher der Nation. Er schrieb an manche seiner Gaunerkollegen, deren Adressen er kannte oder erahnte, bekam aber – wie konnte es anders sein – nichts zurück auf die Botschaften, die den weißen Teufel anklagten. Und er schrieb auch an den örtlichen Bürgermeister und Gouverneur, um ihnen zu erklären, warum der weiße Mann das Elend des Schwarzen zu verantworten habe. Mit seinem Brief an den damaligen Präsidenten der USA, Harry Truman, dem er seine Ablehnung gegen die militärischen Eingriffe der USA in Korea kundtat, eröffnete das FBI eine Akte für Malcolm X. Diese sollte nicht mehr geschlossen werden.[25] Ohne Wenn und Aber sprach Malcolm deutlich aus, was er sich dachte.

Es brauchte lange, bis er die Sprache so gut erlernte, um ganze Bücher zu lesen. Malcolm schrieb das gesamte Lexikon ab und als er nun erstmals vollständig ein Buch gelesen hatte, öffneten sich für ihn Türen in eine neue Welt. Er begann die Geschichte der Schwarzen in Afrika, wie in Amerika zu studieren und erstmals ein umfassenderes Bild über die Welt zu erhalten. Malcolm las alle Bücher namhafter Historiker, um alles über die Geschichte der Schwarzen zu erfahren, W. E. B. Du Bois, Carter G. Woodson und H. G. Wells. Frederick Olmstaed ließen ihn die Grausamkeit der Sklaverei verstehen. Und in der Eugenik des österreichischen Georg Mendel fand Malcolm eine Bestätigung für die Rassenlehre Elijah Muhammads. Gleichzeitig verachtete er Nietzsche, Kant und Schopenhauer. Vor allem aber die Literatur über das mörderische Handeln der Weißen gegenüber den Sklaven, bestätigte Malcolm in der Überzeugung, dass der Weiße ein Teufel sei; die Bilder der festgebundenen und ausgepeitschten Versklavten, der Hunde auf Sklavenjagd und der Sklavenfänger, die mit Peitschen und Ketten bewaffnet waren: Sie sollten Malcolm nicht kalt lassen. Für ihn war klar, dass der weiße Mann überall auf der Welt Übel und Unterdrückung verbreitete und wo immer er auch hinkam, die Menschen ausbeutete:

„Ich las und erkannte, dass der Weiße noch nie im wahren Zeichen des Kreuzes und im wahren Geist der Lehren Christi – demütig, bescheiden und gläubig – unter die nichtweißen Völker gegangen ist. Beim Lesen wurde mir klar, dass die Weißen in ihrer Gesamtheit nichts anderes waren als räuberische Opportunisten, die faustische Machenschaften benutzten, um das Christentum während ihrer kriminellen Beutezüge als Keil einzusetzen. Sie gingen stets so vor, dass sie uralte nichtweiße Kulturen und Zivilisationen im Namen der ‚Religion‘ zuerst als ‚unzivilisiert‘ und ‚heidnisch‘ brandmarkten, um nach diesem Vorspiel dann die Kriegswaffen auf ihre nichtweißen Opfer zu richten.“[26]

Durch das Studium verstand Malcolm nun auch, wie die Geschichte der Menschheit ‚weiß' gemacht wurde und wie über die großen Zivilisationen des afrikanischen Kontinents geschwiegen wurde, um das Gefühl weißer Überlegenheit zu sichern und die schwarze Bevölkerung als geschichtslos zu präsentieren. Malcolm studierte aber nicht bloß, sondern gab sein neu erworbenes Studium an der ‚Knast-Uni' sogleich seinen schwarzen Brüdern, die ebenso der weißen Gehirnwäsche unterzogen wurden, weiter. Malcolm übte aber nicht nur das Predigen zu seinen eigenen Leuten. In den wöchentlichen Debattierklubs setzte er sich mit dem weißen Mann persönlich auseinander. Er machte es sich zur Pflicht, „dem weißen Mann die Wahrheit über sich selbst ins Gesicht zu sagen."[27]

IV. Der schwarze Prediger

1952 durfte Malcolm dann endlich die Luft der Freiheit einatmen. Aufgrund seines disziplinierten und vorzüglichen Verhaltens, wurde er auf Bewährung freigelassen. Seine Familienangehörigen organisierten für ihn einen Arbeitsplatz. Als er am ersten Morgen in die Stadt ging, besorgte er sich drei Gegenstände, die sein neues Leben bis zu seinem Tode prägen sollten: eine bessere Brille, einen Aktenkoffer und eine Armbanduhr. Sie standen für zwei Eigenschaften, die Malcolms weiteres Leben bis zu seinem Tode ausmachen sollten: Effizienz und Bewegung.

Als er in Detroit an seinem neuen Arbeitsplatz ankam, öffnete sein Bruder Wilfried ihm seine Türen. Er führte ihn in das muslimische Leben ein. Malcolm war wie verzaubert von diesem neuen Leben, das er zuvor nur durch die Buchstaben kannte und nun erstmals auskosten durfte: die geschwisterliche Atmosphäre, der Respekt zwischen Mann und Frau und der geregelte Tagesablauf eines Muslims. Im Tempel Nummer Eins von Detroit, der bereits 1932 gegründet worden war, lernte er die Lehren Elijah Muhammads von den Predigern der Nation of Islam kennen. Was Malcolm aber von Anfang an bemängelte, war die Passivität seiner Glaubensgeschwister und die winzige Anhängerschaft der Nation of Islam. 1947 hatte die Nation of Islam insgesamt gerade einmal 400 Mitglieder.[28] Eine Tempelversammlung hatte für ihn zu viele freie Plätze. Und dieses Thema legte Malcolm auch auf den Tisch, als er zum ersten Mal den „Boten" Allahs, Elijah Muhammad, von Angesicht zu Angesicht traf. Es war ein einzigartiges Erlebnis für Malcolm jenen schmächtig aussehenden, kleinen Mann mit brauner Hautfarbe und glänzendem schwarzen Haar zwischen den mächtig aussehenden Bodyguards der Fruit Of Islam (der Männerabteilung der Nation Of Islam) aufs Podium treten zu sehen, um seinen Worten zu lauschen. Nach diesem Treffen in der Zentrale der Nation of Islam in Chicago, zu der die Detroiter Muslime mit mehreren Wagen aufgebrochen waren, empfing Elijah Muhammad Malcolm höchstpersönlich. Nachdem Malcolm sich über den schwachen Zulauf in die Nation of Islam angesichts der Massen an irrgeleiteten Schwarzen auf den Straßen beklagte, erhielt er den Auftrag, Tausende von Mitgliedern zur Detroiter Community zu führen. Und so begann die wichtigste Tätigkeit für Malcolm: Das ‚Fischen-gehen‘ in den Ghettos der Schwarzen. Es war hart, zäh und für Malcolm waren es viel zu wenige Menschen, die sich der Nation of Islam anschlossen. In wenigen Monaten jedoch verdreifachte sich die Mitgliederzahl des Detroiter Tempel Nummer Eins. Man fischte auf der Straße und traf sich in den Wohnungen der Mitglieder, um neue Personen anzuwerben. Auch das FBI war von Anfang an in diesen kleinen Kreisen anwesend.[29] Malcolm bemühte sich Tag und Nacht für die Sache Allahs. In seinen Reden packte er die Emotionen der Menschen:

„Früher hat man mich Detroit Red genannt. Ja! Ja, wirklich, mein Großvater war ein Vergewaltiger, ein rothaariger Teufel! So kurz ist das erst her, ja doch! Der Vater meiner Mutter! Sie mochte nicht darüber sprechen; könnt ihr es dieser Frau verdenken? Sie sagte, sie hätte ihn nie zu Gesicht bekommen. Sie war froh darüber! Und ich freue mich für sie! Wenn ich sein Blut, das meinen Körper und meine Hautfarbe verunreinigt, ausspülen könnte, ich würde es tun! Denn ich hasse jeden Tropfen Blut, den ich von diesem Vergewaltiger in mir habe! [...] Jeder Weiße hier in Amerika müsste, wenn er in ein schwarzes Gesicht sieht, auf die Knie fallen und bitten: „Verzeihe mir, es tut mir leid, es tut mir aufrichtig leid – meine Rasse hat das größte Verbrechen in der Geschichte an deiner Rasse verübt; gibst du mir die Chance das wiedergutzumachen?" Aber, Brüder und Schwestern, glaubt ihr wirklich, dass irgendein Weißer das tut? Nein, denn ihr wisst es besser! Und warum wird er es nicht tun? Weil er es nicht kann. Der Weiße ist als Teufel erschaffen worden! Er soll das Chaos auf diese Erde bringen."[30]

Manche der Zuhörer hielten ihn für verrückt. Ein Bruchteil jedoch hörte weiter zu, um sich mit seinen Thesen auseinanderzusetzen. Von nun an pflegte er engen Kontakt zu Elijah Muhammad und erhielt durch den intensiven Austausch einen tieferen Einblick in die Geschichte und Philosophie der Nation of Islam. Malcolm reiste von Stadt zu Stadt und hielt sich jeweils für einige Monate in jeder Stadt auf, bis dort ein neuer Tempel eröffnet war. Es begann meist mit einer Versammlung in einer Privatwohnung. Freunde und Bekannte wurden eingeladen, um dem Wanderprediger Malcolm zuzuhören. Dieser öffnete ihnen ihre Augen für die Dinge, die sie augenscheinlich nicht sahen, im Inneren aber wussten. Malcolm trat nunmehr als Malcolm X auf. Das ‚X' verweist bei einem Anhänger der Nation of Islam auf die gestohlene Geschichte der Afroamerikaner. Denn in Wirklichkeit trug niemand der Nachfolgen der versklavten Afrikaner seinen ursprünglichen Namen, der ihm von seiner Familie gegeben wurde. Der Sklavenname wurde nunmehr durch ein ‚X' ersetzt, um genau diese Geschichtslosigkeit der versklavten und nach Amerika verschifften Afrikaner zu kennzeichnen. So gründete Malcolm Tempel in Philadelphia und Boston, ehe er von Elijah Muhammad zu Tempel Nr. 7 nach New York geschickt wurde, von wo aus er aber weitere Tempel in ganz Amerika gründen sollte. Von 1953 bis 1955 vervierfachte sich die Mitgliederanzahl der Nation of Islam auf fast 6000 Personen und von 1956 bis 1961 verzehnfachte sich die Anzahl auf beinahe zwischen 50000 und 70000 Muslime.[31] Dafür verantwortlich waren vor allem der Aktivismus von Malcolm und seinen neu gewonnenen jungen Anhängern.

Abbildung 2: Elijah Muhammad und sein wichtigster Prediger Malcolm X

Zurück in New York, wo Malcolm als ‚Red' durch die Straßen gezogen war, um krumme Geschäfte zu machen, suchte er die alten Hustler auf, mit denen er damals unterwegs war. Und es stellte sich heraus, dass wenn seine alten Freunde nicht schon umgekommen waren, sie sich in einem erbärmlichen Zustand befanden. Malcolm konnte nichts außer Allah dafür danken, dass er diesen Irrwegen entronnen war. Aber ausgerechnet in Harlem, fiel es Malcolm schwerer als sonst unter seinen Leuten ‚zu fischen'. Ein Hauptgrund lag darin, dass die Lehre Elijah Muhammads nicht die einzige afrozentrische Lehre war, die auf den Straßen angeboten wurde. Die Nation of Islam hatte zu viel Konkurrenz in der wichtigsten Stadt der Schwarzen Amerikas. Malcolm X überlegte, die Versammlungen der anderen Bewegungen zu nutzen. Am Rande nationalistischer Treffen wurden nunmehr Flugblätter der Nation of Islam ausgeteilt. Diese Strategie erwies sich aber nur bedingt als erfolgreich. Besonders empfänglich zeigten sich hingegen die Besucher sogenannter Schwarzer Kirchen. Malcolm prangerte ihre Glaubenslehre an, um sie von der Nation of Islam zu überzeugen: Beteten schwarze Menschen nicht einen weißen, blonden und blauäugigen Jesus an, den ihnen der weiße Teufel anbot, um sie für ewig zu unterjochen? Dieser weiße Jesus lehrte ihnen, dass sie die zweite Wange hinhalten sollten, wenn sie auf die erste geohrfeigt wurden. Er lehrte sie, standhaft und geduldig auf das Jenseits zu hoffen, wo sie mit den Weißen vereint werden würden. Und das bedeutete, dass das Paradies der Weißen auf Erden die Hölle der Schwarzen war. Anziehend wirkte in den verdorbenen Straßen noch ein weiterer Aspekt der Nation of Islam: Der Respekt, der von schwarzen Männern gegenüber schwarzen Frauen gefordert wurde. Davon waren besonders die Zuhörerinnen angetan.[32] Die Nation of Islam erhielt immer mehr Anerkennung. Aber auch wenn viele Menschen den Ideen der Nation of Islam etwas abgewinnen konnten, so schreckten sie der strenge Moralkodex und die Disziplin der Nation of Islam ab. Eine seiner Predigten, die bei der ersten offiziellen Versammlung in Georgia abgehalten wurde, ist Malcolm noch besonders im Gedächtnis, als er im Beerdigungsinstitut sprach:

„Ihr habt ja alle gesehen, wie sie um den physisch Toten geweint haben, aber die Nation of Islam begrüßt euch hier als die geistig Toten unseres Volkes. Vielleicht jagen euch diese Worte einen Schreck ein, aber es ist ja leider so, dass ihr gar nicht merkt, wie tief die ganze schwarze Rasse in Amerika in einen geistigen Tod versunken ist. Deshalb sind wir heute mit den Lehren Mr. Elijah Muhammads hierhergekommen, die in der Lage sind, den Schwarzen von den Toten wiederauferstehen zu lassen."[33]

Die Nation of Islam wuchs und wuchs. Überall im Land wurden neue Tempel aufgemacht und die Organisation ermöglichte den schwarzen Menschen, die zuvor taub, stumm und blind durch die Wildnis des weißen Teufels geirrt waren, ein geregeltes Leben. Die Nation of Islam bot die ganze Woche hindurch, an jedem Abend ein Programm für die neuen Mitglieder, sowie Neuankömmlinge. Und sie wuchs, ohne groß Aufmerksamkeit auf sich zu lenken, bis Unvorhergesehenes geschah.

Ein unbeteiligter Muslim-Bruder namens Hinton vom Tempel Nr. 7 wurde am 27. April 1957 in einem Handgemenge von einem Polizisten geschlagen und zum Polizeirevier gebracht. Daraufhin versammelten sich dort die starken Männer der Fruit of Islam in einer Reihe aufgestellt. Hinter ihnen bildete sich eine tobende kleine Gruppe an Schwarzen, die den Vorfall miterlebt hatten. Malcolm X als oberster Prediger des Tempels Nr. 7 verlangte seinen Bruder Hinton zu sprechen, was ihm erst nach vehementer Nachfrage ermöglicht wurde. Als er den verunstalteten und blutüberströmten Hinton sah, forderte er dessen Einlieferung ins Krankenhaus, was auch geschah. Gemeinsam mit der Fruit Of Islam marschierten sie die belebte Lenox Avenue zehn Blocks weiter zum Krankenhaus. Es schlossen sich immer mehr Menschen an und die Gruppe wuchs auf eine Masse. Während die weiße Presse den Vorfall als Rassenunruhe abtat, sprach die in Harlem produzierte schwarze Zeitung ‚Amsterdam News' erstmals von den Muslimen. Dieser öffentlichkeitswirksame Protest, der sich ganz ohne Planung ergab, führte zu einer verstärkten Bekanntheit in Harlem selbst und in einem zweiten Schritt zu mehr medialer Aufmerksamkeit. Damit war eine neue Ära eingeleitet. Malcolm war nicht mehr bloß ein Minister der Nation of Islam, sondern wurde zu einer respektablen Größe im Herzen des schwarzen New Yorks und präsentierte die Nation of Islam – anders als in anderen Städten – als eine politische Bewegung.[34]

Kurz darauf beschloss Malcolm eine regelmäßig erscheinende Kolumne in einer der bekanntesten schwarzen Zeitungen Harlems zu publizieren, woraufhin auch Elijah Muhammad höchstpersönlich Kolumnen zu veröffentlichen begann. Damit erfuhr das Wort Muhammads weiter Verbreitung. Malcolm versuchte durch die Gründung der ersten Zeitschrift der Nation, *Muhammad Speaks*, die in den Ghettos von New York verteilt wurde, seiner Gemeinschaft eine Stimme zu geben. Zu richtigem Ruhm kam es aber erst im Jahre 1959, als der Dokumentarfilm „Wenn Hass neuen Hass erzeugt" erschien. Er zeigte die Nation of Islam als rassistische Vereinigung, die die schwarze Vorherrschaft auf Erden predige. Die Reaktion war ein Sturm der Entrüstung, die nicht nur von Weißen kam. Für Malcolm waren es die integrationswilligen Schwarzen, die dem weißen Teufel zu versichern versuchten, dass die Mehrheit der Schwarzen nicht so denken würde. Malcolm aber antwortete darauf bloß:

„Der weiße Mann, der die Schwarzen fragt, ob sie ihn hassen, tut damit nichts anderes als ein Vergewaltiger, der die Vergewaltigte, oder der Wolf, der das Schaf fragt: ‚Hasst du mich etwa?' Der weiße Mann hat keinerlei moralisches Recht, irgendjemanden wegen seiner Hassgefühle anzuprangern."[35]

Malcolm erlebte, wie die Weißen ihm ein jedes Wort im Mund verdrehten und die schwarzen Onkel Toms des 20. Jahrhunderts darin wetteiferten, den weißen Mann gegen ihre schwarzen Brüder und Schwestern zu verteidigen. Elijah, dem „Boten" Allahs, wurde vorgeworfen, er hasse den weißen Mann. Sie verstanden aber nicht, dass die Nation of Islam nach Separation rief, nicht nach Segregation, wo ein Teil der Bevölkerung noch immer über die andere herrschen würde. Er predigte Unabhängigkeit, Selbstständigkeit und Selbstachtung, nicht Hass. Auch wenn Malcolm mit seinen Worten bewusst provozierte. Die Prominenz, die die Nation of Islam durch diese Dokumentation erhielt, vervielfachte sich. Malcolm X wurde nun zu Radio- und Fernsehdebatten eingeladen, um seine Ideen gegen weiße und schwarze Akademiker zu verteidigen. Malcolm X wurde damit ein nationales Sprachrohr der Schwarzen. Die Moderatoren sahen die Nation of Islam als politische Organisation. Malcolm aber strich immer die religiöse Dimension heraus, wenn er sich selbst vorstellte:

„Ich vertrete hier Mr. Elijah Muhammad, das geistige

Oberhaupt der am schnellsten wachsenden muslimischen Gruppe in der westlichen Hemisphäre. Wir, die wir ihm folgen, wissen, dass Gott selbst ihn mit seiner Lehre zu uns gesandt hat. Wir glauben daran, dass die elende Lage der zwanzig Millionen schwarzen Menschen in den USA die Erfüllung einer göttlichen Prophezeiung ist. Wir glauben auch, dass die Anwesenheit des ehrwürdigen Elijah Muhammad in Amerika, sein Wirken unter den sogenannten Negern, sowie seine deutliche Warnung an die USA wegen der schlechten Behandlung dieser sogenannten Neger ebenso zur göttlichen Vorsehung gehört. Ich habe die Ehre, hier in New York City Prediger im Tempel Nummer 7. zu sein, der zur Nation of Islam unter der göttlichen Führung des Ehrwürdigen Elijah Muhammad gehört.«[36]

Kurz nach dem Dokumentarfilm erschien eine Dissertation, die die Nation-Anhänger als *Black Muslims* bezeichnete. Diese Fremdbezeichnung wurde nunmehr überall in der öffentlichen Diskussion zur Bezeichnung der Nation of Islam-Mitglieder verwendet. Aber so sehr es schadete, nützte es auch. Denn nunmehr reisten nicht mehr einige wenige Autos von einem Tempel zu einer Rede Elijah Muhammads, sondern eine große Zahl an Bussen. Die Versammlungen der Nation of Islam waren unendlich gewachsen und das Wort Elijah Muhammads verbreitete sich wie ein Lauffeuer. Nunmehr wurden Großkundgebungen in Stadien organisiert. Abertausende von Menschen pilgerten zu den Reden Elijah Muhammads, die von Predigern wie Malcolm und anderen umrahmt wurden. Es wurden auch Weiße zugelassen, von der Presse wie auch anderweitig Interessierte.

Abbildung 3: Malcolm während einer seiner zahlreichen Reden

Zur Presse hatte Malcolm eine besondere Beziehung. In der veröffentlichten Meinung der weißen Presse wurde er zum neuen schwarzen Hassprediger. Rhetorisch bewandert und gleichzeitig hammerhart und schonungslos argumentierte er mit seinem weißen Gegenüber. Wurde er auf die Erfolge der Bürgerrechtsbewegung, die eine schrittweise Verbesserung der Lebensbedingungen für Schwarze vorsah, und den Rückgang rassistischer Praxis angesprochen, konterte Malcolm selbstbewusst:

„Seit vierhundert Jahren steckt das Messer des weißen Mannes im Rücken des Schwarzen – und jetzt fängt der Weiße an, das Messer ein winziges Stück herauszuziehen. Dafür soll der Schwarze dankbar sein? Nun, selbst wenn der Weiße das Messer in einem Ruck ganz herauszöge, es bliebe immer noch eine Narbe zurück!"[37]

Gegenüber den Liberalen im Norden, wo der Rassismus nicht so offen wütete wie im Süden, zeigte Malcolm kein Erbarmen:

„Man kann über den weißen Südstaatler sagen, was man will. Er ist auf jeden Fall ehrlich. Er zeigt dem Schwarzen die Zähne; er sagt dem Schwarzen ins Gesicht, dass weiße Südstaatler diesen ganzen Zauber, diese ‚Integration' niemals akzeptieren werden. Der weiße Südstaatler geht noch weiter. Er teilt dem Schwarzen mit, dass er auf jedem Zentimeter des Weges gegen ihn kämpfen wird, sogar gegen die sogenannten ‚Alibi Fortschritte'. Das bietet den Vorteil, dass der Schwarze des Südens sich noch nie Illusionen darüber machen konnte, mit was für einer Art von Widersacher er es zu tun hat." [38]

Malcolm versuchte bei seinen Auftritten, den Schwarzen wie den Weißen klar zu machen, dass der derzeitige Kampf – nicht nur in den USA, sondern überall auf der Welt – zwischen dem weißen Mann auf der einen Seite und den Farbigen auf der anderen Seite stattfand.

Die Erniedrigung des Schwarzen in den USA war eine 400 Jahre andauernde, die lediglich ihr Gesicht der Unterdrückung in einer Demokratie verändert hatte. Und diese Unterdrückung war eine globale, die aber jetzt durch das Aufbegehren der verarmten Menschen gebrochen werden würde. Dessen war sich Bruder Malcolm sicher. Entsprechend griff Malcolm auch jene Führer der Bürgerrechtsbewegung an, die den Marsch nach Washington organisierten und just mit jenen Weißen Arm in Arm marschierten, gegen die sie zu rebellieren vorgaben. Malcolm ironisierte mit messerscharfen Worten:

> „Wer hat jemals von zornigen Revolutionären gehört, die gemeinsam mit ihren Unterdrückern im Park ihre nackten Füße in Seerosenteiche baumeln lassen und Gospelgesängen und Gitarrenmusik und Reden wie Kings ,Ich habe einen Traum' lauschen? Während gleichzeitig die schwarzen Massen in Amerika in einem Alptraum lebten und immer noch darin leben."[39]

Die starke Publizität der Nation of Islam brachte viel Unmut gegen diese ein. Sie brachte aber ebenso viele neue Mitglieder. Als die Nation of Islam wuchs, kamen nicht nur Anhänger, die es ernst meinten mit dem neuen Glauben, wie die große Zahl an Häftlingen. Entsprechend wurde die Nation of Islam auch unterwandert. Manche Spione der FBI waren nach der Konversion zum Islam aber so aufrichtig, dass sie entweder ihren Job kündigten oder Gegenspionage beim Feind betrieben, nachdem sie der Nation of Islam beigetreten waren. Die Aufrichtigkeit der neuen Muslime war keine Farce. Es kamen viele aus der Drogenszene, wie auch aus der Prostitution. In den ersten Jahren des Wachstums war es vor allem die Unterschicht, die ihren Weg zur Nation of Islam fand.

Denn der ‚ehrwürdige‘ Elijah Muhammad predigte: „Nehmt euch die Schwarzen vor, die in der Gosse gelandet sind."[40] Und die Nation of Islam hatte das effektivste Anti-Drogenprogramm. Abhängige wurden rund um die Uhr begleitet, bis der Entzug durchgestanden war. Um in der Nation of Islam zu bleiben, mussten sie mit harten Drogen, ebenso wie mit Rauchen und anderen Verboten, wie sie im Islam vorgeschrieben sind, aufhören. Denn in der Nation of Islam konnte man nur bleiben, wenn man sich von diesen Dingen fernhielt. Ansonsten drohte Exkommunikation. Malcolm war nicht nur ein erfolgreicher Prediger, sondern schulte die Fruit Of Islam ein und verbreitete das Wort des Elijah Muhammads in alle Richtungen. Selbst in die islamische Welt reiste Malcolm, um dort Bekanntschaften mit anderen Führern der Dritten Welt und besonders der afrikanischen und islamischen Welt zu schließen. Der vermehrte Kontakt mit Muslimen führte auch dazu, dass die Nation of Islam sich in ihrem Islamverständnis Schritt für Schritt der islamischen Welt annäherte. So wurden im Februar 1960, nach einer Reise Elijah Muhammads mit seinen beiden Söhnen Herbert und Akbar nach Mekka, zum Saviour's Day (dem Geburtstag Fard Muhammads) die Tempel in Moscheen umbenannt und Arabischkurse für die University of Islam – die Privatschulen der Nation of Islam – verordnet.[41] Ein weiterer Grund, warum die Nation of Islam sich immer mehr dem traditionellen Islam anpasste, lag darin, dass eine große Anzahl von schwarzen Muslimen, die der Ahmadiyya Gemeinschaft[42] angehört hatten, der Nation of Islam beitrat. Damit wurde die Nation auch traditioneller.[43] Später sollte auch das Fasten im Ramadan und nicht mehr im Dezember stattfinden, fünf Mal am Tag gebetet werden, etc.[44]

Malcolm gewann als nationaler Sprecher der Nation of Islam immer mehr an Popularität. Nach einem Playboy-Interview – jenem Magazin, das wohl heute eher für seine Nacktbilder als für seine Interviews mit außergewöhnlichen Personen bekannt ist – wurde er vermehrt an Universitäten geladen, um in Yale, Harvard oder an der Columbia, ebenso wie an weniger bekannten Colleges zu den Studierenden zu sprechen. Hitzige Debatten waren die Regel an einem Uni-Campus. Studierte Schwarze diskutierten mit Malcolm ebenso wie Weiße. Oft stand Malcolm drei und noch mehr Gegnern gegenüber und die Studierenden versammelten sich wie Schaulustige, um zu sehen, wie Malcolm sich wohl gegen den Rest positionieren würde. Als Malcolm an der Harvard Law School sprach, blickte er aus einem Fenster direkt auf ein Mietshaus, das ihm damals als Ganoven mit Shorty als Versteck für die gestohlenen Waren diente. Wo wäre Malcolm geblieben, hätte er nicht im Gefängnis die Nation kennengelernt:

„Aber Allah hatte mich gesegnet, damit ich den Islam kennenlernen konnte, der mir die Kraft gab, mich aus dem Sumpf dieser verrottenden Welt zu erheben… An diesem Fenster in der Harvard University gelobte ich Allah, niemals zu vergessen, dass mir meine Flügel, die mich hatten aufsteigen lassen, vom Islam gegeben worden waren. Diese Tatsache habe ich niemals vergessen… nicht für eine Sekunde."[45]

Obwohl Malcolm meinte, dass er mit seinen Auftritten an den Universitäten die gebildeten Schwarzen erreichen würde,[46] war Elijah Muhammad nicht sonderlich angetan von diesen Auftritten. Ansonsten gab er Minister Malcolm freie Hand in seinen Handlungen. Die Auftritte an den Unis verunsicherten Elijah Muhammad. Es tat aber ihrer Beziehung keinen Abbruch. Malcolm erhielt generell eine große Verantwortung von Elijah Muhammad. Während er etwa nach Mekka pilgerte, übertrug er Malcolm die Verantwortung über die gesamte Nation of Islam. Malcolm war die Nummer Zwei.

V. Zeiten des Wandels

Die Nation of Islam war mittlerweile zu großem Ansehen ge-
langt. Und Malcolm war ihr unermüdlichster Kämpfer. New York
City hatte mittlerweile drei der aktivsten Moscheen mithilfe von
Malcolm errichtet. Und insgesamt hatte er zur Gründung von
mehr als hundert Moscheen beigetragen. Mittlerweile zeigte man
gegenüber der Nation of Islam großen Respekt in der schwarzen
Community, besonders was die harte Disziplin betraf. Die Disziplin und die strengen Regeln moralischen Verhaltens, die mit ‚Isolation‘ getadelt werden konnten, waren inzwischen ein Marken-
zeichen geworden. Dabei ging es nicht nur um das Verbot von
Schweinefleisch und anderen Diätregeln, sondern auch um ein
Verbot des Tanzens oder des Rauchens, Kleidungsregeln, die die
männlichen Nation of Islam-Mitglieder immer in Anzügen zeigten. In einem Punkt aber stand die Nation of Islam in der Kritik.
Malcolm bemerkte dies mehr als andere Mitglieder der Nation of
Islam, war er doch weitaus öfter unter seinen schwarzen Brüdern
und Schwestern, die keine Muslime waren. Die Nation of Islam,
so lautete die Unterstellung, würde radikal reden, aber nichts tun.
Malcolm wünschte sich insgeheim immer schon mehr Beteiligung
der Nation of Islam im allgemeinen Kampf der Schwarzen für
mehr Rechte in den USA. Elijah Muhammad aber hielt die politischen Aktivitäten der Nation of Islam zurück. Anfang der 1960er
Jahre begann Malcolm aufgrund des apolitischen Auftretens der
Nation of Islam, Allianzen mit schwarzen christlichen Gemein-
den aufzubauen, um der Nation of Islam zumindest in dieser

Community zu stärkerer Legitimität zu verhelfen.[47]

Als Elijah Muhammad immer kranker wurde, mehrten sich auch die üblen Nachreden gegen Malcolm. Er würde Geld horten, meinten viele Schwarze außerhalb der Nation of Islam. Das störte ihn nicht weiter, da seine Geschwister in der Nation of Islam ihn gut genug kannten. Doch wussten viele der Schwarzen da draußen nicht, dass es niemals einen selbstloseren Menschen gab, als Malcolm. Keinen Cent hatte er bisher für sich oder seine Familie gespart. Neben seiner Armbanduhr, seinem Koffer und seinem Anzug, hatte er lediglich ein Haus für seine Familie und ein Auto, mit dem er seine Reisen für Allah bewältigte. Das führte zuweilen zu einer großen Krise mit seiner Frau, die beinahe in einer Trennung mündete. Doch seine Frau Betty gab nach, nachdem Malcolm mit der Nation of Islam vereinbarte, dass diese sich ewig um Betty und seine Kinder kümmern würde. Zu Malcolms Entsetzen kam es langsam innerhalb der Nation of Islam zu Intrigen. Der Neid wuchs. So begannen manche zu erzählen, Malcolm würde sich als kommender Führer groß machen wollen. Dem schenkte Malcolm aber keine weitere Aufmerksamkeit. War es doch Elijah Muhammad persönlich, der ihn schon davor gewarnt hatte, dass so etwas auf ihn zukommen würde. Und er war sich sicher, dass Elijah Muhammad diese Vorgänge entsprechend deuten würde. Die Gerüchte hingegen verbreiteten sich mehr und mehr und wurden immer größer.

Eine neue Qualität erhielten die Intrigen, als Herbert, der Sohn Elijahs und nunmehriger Herausgeber der Zeitschrift ‚Muhammad Speaks‘, die Malcolm X gegründet hatte, anwies, keine Berichte mehr über Malcolm X und dessen Aktivitäten im Medienorgan der Nation of Islam zu veröffentlichen. Das Chicagoer Zentrum der Nation of Islam war darüber hinaus gegenüber den vielen Auftritten und Kundgebungen, die Malcolm vor allem in New York organisierte, skeptisch. Aus einer Haltung der Selbstzensur heraus sagte Malcolm dann selbst Termine mit den wichtigsten Journalisten ab, um nicht noch mehr Groll zu säen. Auf Seiten Elijah Muhammads hingegen schien das Vertrauen zu wachsen. 1963 wurde Malcolm zum ersten nationalen Prediger von Elijah Muhammad ernannt. Es handelte sich um eine Position, die es vorher nicht gab. Bei einer Kundgebung in Philadelphia umarmte er ihn und sagte: „Dies ist mein treuester, unermüdlich arbeitender Prediger. Er wird mir bis an sein Lebensende folgen."[48]

Was sich aber hinter der Bühne abspielte, war etwas völlig anderes. Bereits 1955 hörte Malcolm erstmals etwas über Gerüchte, die er nicht im Entferntesten an sich heranließ. Denn keiner glaubte mehr an Elijah Muhammad als Malcolm. Er glaubte vermutlich mehr an ihn, als Elijah selbst an sich glaubte. Viele Jahre später waren diese Gerüchte aber nicht mehr zu leugnen. Malcolm hörte von treuen muslimischen Brüdern aus dem Chicagoer Zentrum, dass sie die Nation of Islam verlassen hatten. Und als die Nachricht die Medienwelt erreicht hatte, musste Malcolm sich damit auseinandersetzen. Malcolm war von Elijah Muhammad aus dem Reich der Toten zu neuem Leben erweckt worden. Von seiner Haft bis zu diesem Tage war Malcolm ein völlig neuer Mensch geworden. Sein gesamtes Wirken wäre ohne diesen Mann undenkbar gewesen. Die hohe Moral war verkörpert in genau die-

sem einen Mann: Elijah Muhammad, den er für den ‚Gesandten'
Allahs hielt. In Wirklichkeit hielt er ihn aber für beinahe göttlich.
Die Nachricht war wie ein Messerstich in die Brust des treuesten
Diener der Nation of Islam, der Elijah Muhammad mit seinem
Leben beschützt hätte:

> „Los Angeles, 3. Juli (UPI) – Elijah Muhammad, der
> 67-jährige Führer der Black Muslim-Bewegung, stand
> heute wegen Vaterschaftsklagen von zwei seiner frühe-
> ren Sekretärinnen vor Gericht. Sie gaben an, er habe
> ihre vier Kinder gezeugt... Beide Frauen sind in den
> Zwanzigern... Miss Rosary und Miss Williams be-
> haupteten, sie hätten von 1957 bis heute intimen Kon-
> takt mit Elijah Muhammad gehabt. Miss Rosary sagte
> aus, er sei der Vater ihrer beiden Kinder, und sie er-
> warte ein drittes Kind von ihm...Die andere Klägerin
> gab an, er sei der Vater ihrer Tochter...“[49]

Malcolm wollte dieser Meldung nicht voreilig Glauben schenken.
Und so sprach er mit diesen ehemaligen Sekretärinnen, die aufgrund ihrer unehelichen Kinder aus der Nation of Islam ausge-
schlossen und in die Isolation geschickt worden waren. Das bedeutete für sie, dass sie nicht einmal Kontakt zu einem Mitglied
der Nation of Islam halten durften. Ähnliches war zuvor mit seinem eigenen Bruder geschehen, den Malcom sogar selbst bestraft
hatte. Die Details, die er von den ausgeschlossenen Frauen erfuhr,

erschütterten Malcoms Glauben an Elija Muhammed zutiefst. Malcolm sei sein brillantester Prediger, habe Elijah den Sekretärinnen gesagt. Eines Tages aber würde er sich gegen ihn stellen. Warum, das sollte er später erfahren.

Malcolm war verwirrt. Dennoch fuhr er mit seiner Arbeit fort. Er predigte nunmehr weniger über Religion und mehr über Politik, war er doch erschüttert über den Bruch des eigenen Führers mit den hohen moralischen Prinzipien, die er selbst immer zu ahnden wusste. Gleichzeitig versuchte er mit den biblischen Texten das Fehlvergehen Elijah Muhammads zu entschuldigen. Waren es nicht die biblischen Propheten, die Ehebruch begingen, deren heroische Taten aber mehr wogen als ihre Vergehen? Nach langem Zögern suchte er Elijah Muhammad auf. Bei der ersten Unterredung, die Malcolm mit Elijah hatte, bestätigte dieser seine Theorien. Er erklärte, er sei der biblische David, Noah und Lot zugleich, weshalb er die ,Prophezeiung' vollenden müsse. Malcolm weihte einige der Prediger der Ostküste über Elijahs Vergehen ein, um sie vorzubereiten und bemerkte, dass viele bereits länger davon Bescheid wussten als er und sich schon lange mit diesen Enthüllungen herumschlugen. Malcolm wollte die Nation of Islam wappnen für einen Tag, an dem diese durch die obigen Schlagzeilen schwer getroffen werden würde. Gleichzeitig schickte das FBI fiktive Briefe an die Ehefrau Elijahs, Clara Muhammad, sowie mehrere Minister der Nation of Islam, um das moralische Verfehlen für eine Zerrüttung der Nation of Islam zu nutzen.[50] Es kam aber alles anders.

Im Unterbewusstsein passierte in diesen Monaten schon eine Wandlung, die nicht nur politischer Natur war. Denn Malcolm war unzufrieden mit der zurückhaltenden Politik der Nation of Islam. Gleichzeitig war es auch so, dass Malcolm sich immer mehr mit dem traditionellen Islam auseinandersetzte. Oft zitierte er nicht mehr Elijah Muhammad, sondern den Propheten Muhammad, der 1400 Jahre vor Elijah gelebt hatte und im traditionellen Islam als der letzte aller Propheten Allahs betrachtet wird. Besonders im Rahmen von Diskussionen an Universitäten mit Studierenden aus der gesamten islamischen Welt, wurde das Islamverständnis der Nation of Islam, welches Malcolm vertrat, ständig in Frage gestellt. Malcolm wich nunmehr immer öfter von der offiziellen Lehre der Nation of Islam ab und sprach vom kollektiven weißen Teufel, der sich in der Geschichte bemerkbar machte, ohne den einzelnen Weißen als Teufel zu brandmarken. Auch dem weißen Mann erklärte er, wie die Figur des weißen Teufels zu verstehen sei:

„Wir meinen damit nicht den einzelnen Weißen, es sei denn, wir hielten es für nötig, irgendeinen ganz bestimmten Weißen unter Nennung seines Namens als ‚Teufel' zu brandmarken. Nein, wir meinen damit den kollektiven Weißen vor dem Hintergrund seiner in der Geschichte begangenen Untaten. Wir meinen die Grausamkeiten, die Schandtaten und die Habgier des kollektiven Weißen, die ihn gegenüber dem Nichtweißen wie einen Teufel haben handeln lassen. Jeder intelligente, ehrliche, objektive Mensch kann sich doch der Einsicht nicht verschließen, dass der von den Weißen betriebene Sklavenhandel und die nachfolgenden teuflischen Untaten nicht nur direkt verantwortlich sind für die Anwesenheit der Schwarzen in Amerika, sondern auch für die Lage, in der wir diesen Schwarzen hier antreffen. Ihr werdet keinen einzigen Schwarzen finden, egal, um wen es sich dabei handelt, der nicht auf irgendeine Weise durch die teuflischen kollektiven Handlungen der Weißen einen persönlichen Schaden davongetragen hat."[51]

Nur so konnte er auch weiße Muslime auf einem Uni-Campus als Teil seines Kampfes gewinnen.[52] Zudem waren es Personen, wie der Sohn Elijah Muhammads, Akbar Muhammad, die die Doktrinen der Nation of Islam in Frage stellten. Nach dessen zweijährigem Aufenthalt in Kairo an der Al-Azhar sagte er auf einer Rally, alle Schwarzen müssten sich zusammenschließen, nicht mehr gegeneinander, sondern miteinander arbeiten. Und er meinte:

„Ich hasse keinen Menschen wegen seiner Hautfarbe. ... Ich blicke auf das Herz eines Menschen, sehe mir seine Handlungen an und bilde mir meine Meinung auf Grundlage dessen, was er tut und nicht auf Grundlage dessen, wie er aussieht."[53]

Akbar war mit diesen Worten politisch weiter als Malcolm, der die Bürgerrechtler samt ihrer Aktivitäten noch immer verbal herabsetzte. Und religiös legte er einen Ton an, den es teilweise bei

Malcolm schon gab, wenn er zwischen dem kollektiven Weißen und den einzelnen Weißen unterschied. Nach der Ermordung John F. Kennedys am 22. November 1963 wurde jeder Prediger der Nation of Islam angewiesen, der Presse gegenüber nicht mehr ‚Kein Kommentar‘ zu erwähnen. Malcolm aber hielt eine Rede in New York in Vertretung von Elijah Muhammad. Mit wenig Verwunderung kam als erste Frage die Ermordung Kennedys zu Wort. Was Malcolm davon hielte, wollte der Journalist wissen. Seine knappe Antwort, die zum Vortrag „Gottes Urteil über das weiße Amerika" gut passte, war: „Der weiße Mann erntet, was er sät". Malcolm war nicht der einzige, der dies sagte. Aber seine Stimme wurde als die des Demagogen in der Öffentlichkeit getadelt. Elijah Muhammad sagte ihm:

> „Das war eine sehr schädliche Äußerung … Das Land hat diesen Mann geliebt. Das ganze Land trauert. Der Zeitpunkt war sehr ungeschickt gewählt. Eine solche Äußerung kann für die Muslims in ihrer Gesamtheit sehr schwere Folgen haben … Ich muss dich für die nächsten neunzig Tage zum Schweigen verurteilen, damit die Muslims überall Gelegenheit bekommen, von deiner Äußerung abzurücken."[54]

Malcolm, der selbst immer wieder strenge Disziplin von den Anhängern der Nation of Islam verlangte, beugte sich der Verordnung. Zu seiner Verwunderung waren die Mitglieder der New Yorker Moschee Nr. 7 bereits informiert, bevor er sie antraf. Und auch die weiße Presse erhielt Telegraphe über das Redeverbot Malcolms. Das Redeverbot wurde ausgeweitet auf Predigten innerhalb der Moschee. Und dann hörte er von Mitgliedern der Nation of Islam neue Töne. Manche meinten zu ihren Brüdern, dass jeder von der Nation of Islam Malcolm töten würde, wenn sie bloß wüssten, was er gemacht hätte. Bruder Malcolm wusste nun, dass die Dinge falsch liefen und die Führung der Nation of Islam etwas gegen ihn im Schilde führte. Während Malcolm also zum Schweigen verurteilt wurde, ging Elijah weiterhin seinen Aufgaben nach. Und er schwieg vor seinen Anhängern zu den Vorwürfen des sexuellen Vergehens. Damit war für Malcolm klar, dass Elijahs Verhalten ein Fehlverhalten war. Elijahs Sohn Wallace, mit dem Malcolm sich regelmäßig austauschte, bestätigte Malcolm zudem im Februar 1963, dass das Problem seines Vaters nach wie vor andauere.[55] Und sein Sohn Akbar hatte bereits die Nation of Islam verlassen.[56]

Später erfuhr Malcolm von einem Mordbefehl. Ein treuer Anhänger der Moschee Nr. 7 erhielt die Anordnung, einen Sprengkörper in Malcolms Auto zu deponieren. Er wusste aber um die Loyalität Malcolms und unterrichtete ihn entsprechend. Malcolm konnte sich nun auch emotional immer mehr entfernen. Während seines Aufenthalts bei dem Boxkampf zwischen Johnny Liston und Cassius Clay, der später Muhammad Ali werden sollte, machte Malcolm erstmals seit sieben Jahren mit seiner Ehefrau Betty und den Kindern Urlaub. Sie nahmen sich seit Langem Zeit füreinander und wurden gleichzeitig Zeugen eines großen Sportereignisses. Der Sieg im Boxring, an den niemand glaubte, war für Malcom aber mehr als ein Boxkampf. Er hatte eine große Symbolwirkung. Malcolm teilte die Sicht Muhammad Alis, für den es ein Kampf zwischen Islam und Christentum, zwischen Gut und Böse war. Ein moderner Kreuzzug zwischen einem hirngewaschenen schwarzen Christen, der den Lügen des weißen Teufels auf den Leim gegangen war und einem sich selbst achtenden Schwarzen, der mit 700.000 anderen Muslimen aus der farbigen Welt verbunden war.

Abbildung 4: Malcolm mit der Boxlegende Muhammad Ali

Malcolm begann nun, Pläne für eine neue Arbeit zu schmieden. Er wollte das, was die Nation of Islam politisch, sozial und ökonomisch predigte, auch in die Tat umsetzen. Malcolm war sich dessen bewusst, dass viele der Schwarzen genau wussten, dass er ein Mann war, der in seinem Volk verankert war. Er sprach nicht nur zu den Weißen, zur schwarzen Ober- und Mittelschicht, sondern kam aus dem Ghetto und sprach – anders als andere sogenannte Führer der Schwarzen – zusätzlich noch die Sprache des Ghettos. Sein Respekt ging bei Weitem über die Grenzen der Nation of Islam hinaus, besonders in New York, wo er mit seinem Aufmarsch gegen die Polizei Berühmtheit erlangt hatte. Gleichzeitig schlossen sich ihm immer mehr ehemalige Mitglieder der Nation of Islam an. Sogar Weiße wollten Mitglieder werden und spendeten ebenso wie Schwarze aus der Ober- und Mittelschicht Geld, um Malcolm in seiner Mission, die noch nicht einmal verkündet war, zu helfen. Und so gründete er als erstes die Muslim Mosque als neue religiöse und anfangs auch politische und ökonomische Basis seiner Aktivitäten. Was danach folgte, war eine Entscheidung, die maßgeblichen Einfluss auf sein Leben haben würde und jene spirituelle Reise, die er schon lange begonnen hatte, vollendete. Bereits 1962 hatte Malcolm als Minister der Moschee Nr. 7 in New York über Kontakte mit einem sudanesischen Studenten namens Ahmed Osman intensivere Bekanntschaft mit dem traditionellen Islam gemacht. Dort forderte Osman die Doktrinen der Nation of Islam heraus und stellte vor allem die ‚Gesandtschaft' Elijah Muhammads in Frage. Es blieb ein Briefverkehr zwischen ihnen bestehen und Malcolm bat Osman, ihm weiter Literatur vom Islamischen Zentrum in Genf zukommen zu lassen. Die Freundschaft, die anhielt, führte auch dazu, dass Osman Malcolm riet, die Pilgerfahrt nach Mekka zu machen.[57] Und so besuchte Malcolm daraufhin seine Schwester Ella. Auch sie war eine treue Anhängerin der Nation of Islam gewesen, die aber noch vor ihm zum sunnitischen Islam übergetreten war. Er wollte sie für seine Reise nach Mekka um Geld bitten. Seine erste Reise ging bereits 1959 nach Afrika und Asien, wo er auch Saudi Arabien bereiste. Doch bezweckte Malcolm mit diesen Reisen damals eher die Unterstützung der Nation of Islam durch internationale Führer, vor allem aber der islamischen Welt, ohne sich in erster Linie mit ihren Ideen auseinanderzusetzen. Malcolm bemerkte auf diesen Reisen, wie bereits aufgrund der Bekanntschaften zu geborenen Muslimen in den USA, dass die Lehren der Nation of Islam nicht mit jenen des traditionellen Islams harmonisierten. Doch behielt er diese Eindrücke im Wesentlichen für sich und tauschte sie nur mit Wenigen, wie dem Sohn Elijahs, Wallace Muhammad, aus.[58] Wie es das Schicksal so wollte, traf Malcolm während eines Pressetreffens auf Dr. Mahmoud Youssef Shawarbi, dem Leiter der Federation Of Islamic Associations in Nordamerika. Dieser gelehrte Mann war zuständig für die Ausstellung eines Schreibens, um die Reise nach Mekka offiziell antreten zu können. Er beschenkte ihn mit Büchern über den Islam, einen Islam, der sich von jenem, den Elijah Muhammad gepredigt hatte, unterschied. Oft schon hatte Malcolm weiß aussehende Muslime aus Nordafrika und Asien getroffen, die ihm gesagt hatten, er müsse den ‚wahren Islam‘ kennenlernen. Malcolm qualifizierte diese Aussagen jedoch stets als ketzerisch ab, wusste aber insgeheim, dass es noch mehr über seine Religion zu erfahren gab.

In Frankfurt zwischengelandet und auf dem Weg nach Kairo trat er in einen neuen Prozess der Wandlung ein. Menschen aller Hautfarben, aber einer Religion, waren dort versammelt, um zu dem zentralsten Ort des Islams zu reisen. Es herrschte eine Atmosphäre der Brüderlichkeit. Malcolm erinnerte sich an die Prophetenworte, die Dr. Shawarbi ihm bei seinem Abschied lehrte: „Niemand steht fest im Glauben, solange er nicht seinem Bruder das Gleiche wünscht, wie für sich selbst".[59] Genau das verspürte er unter den zahlreichen Muslimen, mit denen er von Frankfurt nach Kairo flog und die ihn in Kairo empfingen. Nach einem Zwischenaufenthalt in Kairo nahm er am Flughafen seinen Ihram-Zustand an. Malcolm kleidete sich in zwei weiße Tücher ein und nahm wie alle anderen Pilger, die Hudschadsch, nur das Notwendigste mit. Von da an wurde der rituelle Spruch ‚Labbayk Allahumma Labbayk' (Wir kommen zu Dir, oh Allah) unaufhörlich wiederholt. Dazu kam das Gebet:

> „Ich unterwerfe mich niemandem außer Dir, Oh Allah. Ich unterwerfe mich Dir, denn es gibt niemanden neben Dir. Alle Lobpreisungen und Segnungen kommen von Dir, und Dein ist das Königreich, in dem es niemanden gibt neben Dir."[60]

Diplomat und Bauer unterschieden sich durch nichts. Alle sprachen sie in Weiß gekleidet die Gebetsformeln der Hadsch. Im Flugzeug zwischen einem Saudi und einem Ägypter sitzend verbreitete sich in Windeseile, dass ein amerikanischer Pilger mit an Bord war. Sogar der ägyptische Pilot, der noch schwarzer als Malcolm war, stellte sich ihm vor und lud ihn zu sich nach vorne ein. Malcolm durfte eine außergewöhnliche Brüderlichkeit von Menschen aller Hautfarben dieser Welt erleben. In Jeddah angekommen, reisten die Pilger nach Mekka weiter. Malcolm aber musste stehen bleiben, da seine Konversion angezweifelt wurde. Trotz des Schreibens Dr. Shawarbis. Er wurde in ein Amt gebracht, dass seine Konversion überprüfen solle. Dort angekommen, wurde ihm klar, wie peinlich es war, dass er als großer Führer und ehemals oberster Sprecher der Nation of Islam nicht einmal das Gebet beherrschte. Die Nation of Islam pflegte die Gebete damals noch in englischer Sprache zu halten. Das änderte sich erst später unter Louis Farrakhan. Malcolm hielt sich hilflos in Jeddah auf, ohne zu wissen, was nun mit ihm passieren würde. Stundenlang verweilte er, ohne mit jemandem kommunizieren zu können, da niemand Englisch sprach und er umgekehrt keiner der vielzähligen Sprachen, die man dort vernehmen konnte, beherrschte. Dann kam er auf die Idee, jenen Autor anzurufen, dessen Kontaktdaten er von Dr. Shawarbi in New York erhalten hatte. Und da begann sich das Blatt zu wenden. Abd Al-Rahman Azzam, der Malcolms Anruf bereits erwartet hatte, nahm sich Malcolms Problem in Jeddah an, übergab ihm seine Hotelsuite und schenkte ihm eine solche Aufmerksamkeit, dass er anfangs verwirrt war. Ein Denker, der in den Vereinten Nationen tätig war, nach außen hin als weiß eingestuft werden würde, kümmerte sich und umarmte einen Malcolm, den er nie zuvor gesehen hatte und nur durch die Medien verfolgt hatte, wie einen nach Hause gekommenen Sohn:

„An diesem Morgen begann ich zum ersten Mal den ‚weißen Mann' neu zu bewerten. Da begann ich zum ersten Mal zu begreifen, dass der Begriff ‚weißer

Mann', so wie er gewöhnlich benutzt wird, weniger die Hautfarbe bezeichnet, sondern vielmehr etwas aussagt über sein Verhalten und Handeln. In Amerika bezeichnete der Begriff ‚weißer Mann' bestimmte Verhaltensweisen und Handlungen gegenüber Schwarzen und gegenüber allen anderen nichtweißen Menschen. Aber in der islamischen Welt hatte ich erlebt, dass Männer mit weißer Hautfarbe sich viel brüderlicher mir gegenüber verhielten als irgendjemand anders je zuvor. Dieser Morgen war der Beginn einer radikalen Änderung in meiner ganzen Auffassung über ‚weiße' Menschen.“[61]

Diese Einsichten brachten Malcolm dazu, sich dankend Allah zuzuwenden. Nachdem er sich ausgeruht hatte, wurde er zum Richter gebracht, der seine Glaubwürdigkeit prüfte. Malcolm bestand und wurde mit den Worten, er solle ein großer Prediger des Islams in Amerika werden, verabschiedet. Zurück bei seinem Gastgeber erhielt er völlig ungeplant einen Anruf vom stellvertretenden Protokollchef Prinz Faisals, dem Herrscher von Saudi Arabien. Malcolm wurde mit einem Wagen abgeholt und nach Mekka gebracht. Was für ein Privileg! Er war als Staatsgast auf Pilgerreise nach Mekka! Zudem bemerkte er zu seiner Verwunderung, dass viele der muslimischen Führer der Welt seinen Kampf für die Schwarzen und die Muslime genauestens verfolgt hatten.
In Mekka vollzog Bruder Malcolm die Hadsch, die Pilgerfahrt der Muslime. Malcolm stand vor der Kaaba, die zehntausende von Menschen aus aller Welt hierher zog:

„Ein riesiges schwarzes Steinhaus inmitten der Großen Moschee. Sie wurde von Tausenden und Aber-
tausenden von betenden Pilgern beiderlei Geschlechts
und jeder Größe, Gestalt, Hautfarbe und Rasse aus
aller Welt umschritten. Das Gebet, das gesprochen
wird, wenn die Augen des Pilgers zum ersten Male die
Kaaba wahrnehmen, war mir bekannt. Übersetzt lau-
tet es: ‚Oh Gott, Du bist der Friede, und Frieden geht
aus von Dir. So empfange uns, Gebieter, in Frieden.‘
Ich fühlte mich dort im Hause Gottes wie benommen.
Mein Mutawaf (Malcolms Pilgerführer) führte mich
in die Menge betender, singender Pilger, die sieben
Mal die Kaaba umrundeten. Einige gingen durch ihr
hohes Alter gebeugt und waren voller Runzeln. Dies
war ein Anblick, der sich tief ins Bewusstsein einpräg-
te. Ich sah behinderte Pilger, die von anderen getragen
wurden, Gesichter von wieder anderen waren in ihrem
Glauben verzückt. Nachdem ich das siebte Mal her-
umgegangen war, kniete ich mich nieder, beugte meinen Kopf bis auf den Boden, und betete zwei Rak'a.
Bei der ersten Verbeugung betete ich den Koranvers
‚Sprich: Er ist Gott, der Einzige‘; bei der zweiten Verbeugung ‚Sprich: Oh ihr Ungläubigen! Ich verehre
nicht das, was ihr verehrt…‘“.[62]

Als amerikanischer Muslim war Malcolm ein Exot, für den sich
alle um ihn herum zu interessieren schienen. Viele waren auch

über das Schicksal der Schwarzen informiert. Das Problem des Rassismus, dem Schwarze ausgesetzt waren, war vielen Pilgern durch populäre Bücher wie jene von James Baldwin und John Griffin bekannt. Ein Pakistaner begann zu weinen, als er den Erzählungen Malcolms vom grassierenden Rassismus in den USA lauschte. Ein sudanesischer Beamter fragte Malcolm, warum diese sich nur so unterdrücken ließen. Im Gegensatz zu all diesen farbigen Menschen sah Malcolm im Schwarzen von Amerika einen Menschen, der sich nicht mit seinen Brüdern und Schwestern auf der Welt solidarisierte. Diese internationale Dimension des Kampfes sollte der Hadschi Malcolm nach Amerika tragen.

Viele der Pilger fragten Malcolm, was ihn an der Hadsch besonders beeindruckt habe. Und er antwortete durch die Brille der rassistischen Erfahrungen in den Vereinigten Staaten von Amerika blickend:

„Die Brüderlichkeit! Dass Menschen aller Rassen und Hautfarben aus der ganzen Welt als Gleiche unter Gleichen zusammenkommen! Das war für mich der Beweis für die Macht des Einen Gottes … Ich habe seitdem oft darüber nachgedacht, dass ich in dem Moment, in dem ich mich hinsetzte, um Briefe zu schreiben, nur Gedanken niederschrieb, die sich längst schon in meinem Unterbewusstsein geformt hatten. Die positiven Einflüsse der Farbenblindheit der religiösen Gemeinschaft der islamischen Welt und der Farbenblindheit der menschlichen Gesellschaft der isla-

mischen Welt hatten jeden Tag eine größere Wirkung
und eine wachsende Überzeugungskraft auf meine bis-
herige Denkweise ausgeübt..."[63]

In den 39 Jahren seines Lebens spürte Malcolm das erste Mal in
Mekka vor dem Schöpfer des Universums, was es bedeutet, ein
vollständiges, menschliches Wesen zu sein, kein Mensch zweiter
Klasse oder Untermensch. Diese Eindrücke, die für Malcolm eine
von vielen Veränderungen in seinem Leben bedeutete, schilderte
er in Briefen an seine Frau Betty, seine Schwester Ella, Dr. Shawarbi und Wallace Muhammad, der ebenso wie er meinte, die Nation of Islam müsse ein umfassenderes Verständnis der Lehren
des Islams, wie sie in der islamischen Welt existieren, annehmen.
Tatsächlich war es Elijahs Sohn Wallace, mit dem Malcolm sich
über die Lehren des Islams austauschte.[64] Ähnlich wie sein Bruder
Akbar Muhammad, der später Universitätsprofessor werden sollte, war sich auch er darüber bewusst, dass die Lehren der Nation
Of Islam nicht der Religion der restlichen 700 Millionen Muslime
entsprach. Einen Brief aber widmete er allen. Er bat seine neu
gegründete Muslim Mosque Inc. seinen Brief an die Medienwelt
weiterzugeben, damit sie seine Wandlung erfahren könnten. Der
Brief wurde unter anderem von der New York Times gedruckt:[65]

„Nie zuvor habe ich eine derart aufrichtige Gastfreund-
schaft und einen derart überwältigenden Geist wahrer
Brüderlichkeit erlebt, wie sie mir von Menschen aller
Hautfarben und Rassen hier im Heiligen Land, dem

Lande Abrahams, Muhammads und all der anderen Propheten der Heiligen Schriften, entgegengebracht wurden. Während der ganzen vergangenen Woche war ich sprachlos und völlig fasziniert von der Freundlichkeit, die ich überall um mich herum an Menschen aller Hautfarben beobachten konnte. Mir ist die Segnung zuteil geworden, die Heilige Stadt Mekka zu besuchen. Geführt von einem jungen Mutawaf namens Muhammad, habe ich die Kaaba siebenmal umschritten. Ich habe Wasser aus der Heiligen Quelle Zamzam getrunken, bin siebenmal zwischen den Hügeln Al-Safa und Al-Marwah hin und her gewandert. In der uralten Stadt Mina und auf dem Berg Arafat habe ich meine Gebete zu Allah gesprochen. Dort waren Zehntausende von Pilgern aus der ganzen Welt. Unter ihnen waren alle Hautfarben vertreten, von blauäugigen Blonden bis zu schwarzhäutigen Afrikanern. Aber wir nahmen alle am selben Ritual teil und verbreiteten einen Geist der Einheit und der Brüderlichkeit, wie ich ihn nach meinen Erfahrungen in Amerika zwischen Weißen und Nichtweißen für unmöglich hielt. Amerika muß unbedingt lernen, den Islam zu verstehen, weil er die einzige Religion ist, die in der Lage wäre, das Rassenproblem dieser Gesellschaft zu beseitigen. Während meiner Reisen in der islamischen Welt habe ich Menschen getroffen, habe mit ihnen gesprochen und sogar mit ihnen gegessen, die man in Amerika als ‚weiß' bezeichnen würde – aber ihr islamischer Glaube hatte alles, was wir als ‚weiße‘ Haltung kennen, aus ihrem Geist entfernt. Ich habe niemals zuvor erlebt, daß Menschen aller Hautfarben gemeinsam eine derart aufrichtige und wahre Brüderlichkeit praktizieren können, ohne dass die Hautfarbe eine Rolle spielte. Vielleicht werden Sie erschüttert sein, diese Worte aus meinem Munde zu hören. Aber was ich auf dieser Pilgerfahrt gesehen und erfahren habe, hat mich dazu gebracht, viele meiner bisherigen Denkschemata zu verändern und einige meiner früheren Schlussfolgerungen über Bord zu werfen. Das ist mir nicht allzu schwer gefallen. Trotz meiner festen Überzeugungen bin ich immer ein Mensch gewesen, der versucht, den Tatsachen ins Auge zu sehen und die Realität des Lebens zu akzeptieren, wie sie sich durch neue Erfahrungen und neues Wissen entwickelt. Ich habe mir immer einen offenen Geist bewahrt, der notwendig ist für eine innere Beweglichkeit, die Hand in Hand gehen muss mit jeder Form der vernünftigen Suche nach der Wahrheit. Während der vergangenen elf Tage hier in der islamischen Welt habe ich vom selben Teller gegessen, aus dem selben Glas getrunken und im selben Bett geschlafen (oder auf dem selben Teppich) und zum selben Gott gebetet, wie meine muslimischen Glaubensbrüder mit ihren blauen Augen, blonden Haaren und ihrer weißen Haut. In den Worten und Taten der ‚weißen‘ Muslime war dieselbe Aufrichtigkeit zu spüren, wie ich sie unter den schwarzen Muslimen aus Nigeria, dem Sudan und Ghana empfand. Wir waren wahrhaftig alle gleich (Brüder), weil der Glaube an den Einen Gott alles ‚Weiße' aus ihrem Geist entfernt hatte, aus ihrem Verhalten und aus ihrer Gesinnung. Daran wurde mir deutlich, dass die Weißen in den Vereinigten Staaten, wenn sie die Einzigartigkeit Gottes akzeptieren könnten, dann vielleicht auch in der Realität die Einzigartigkeit der Menschheit akzeptieren könnten – und aufhören würden, andere aufgrund ihrer ‚Verschiedenartigkeit' in der Hautfarbe zu bewerten, zu behindern und zu verletzen. Da der Rassismus die USA plagt wie ein unheilbares Krebsgeschwür, sollten die Herzen der sogenannten ‚christlichen' weißen Amerikaner empfänglicher sein für eine bewährte Lösung eines derart destruktiven Problems. Vielleicht ist es noch nicht zu spät, und die USA könnten vor der drohenden Katastrophe gerettet werden. Es geht um dieselben Kräfte der Zerstörung, die der Rassismus über Deutschland gebracht hat und die schließlich auch die Deutschen in die Katastrophe führten. Mit jeder Stunde hier im Heiligen Land konnte ich tiefere Einsichten in das gewinnen, was in den USA zwischen Schwarzen und Weißen passiert. Man kann den Schwarzen in Amerika für ihren Rassenhass keine Schuld zuweisen – sie reagieren nur auf vierhundert Jahre bewusster Rassendiskriminierung von Seiten der Weißen. Da der Rassismus die USA aber in den Selbstmord treibt, glaube ich nach den Erfahrungen, die ich mit den Weißen der jüngeren Generation in den Colleges und Universitäten gemacht habe, dass sie die Zeichen der Zeit begreifen werden und sich dem spirituellen Weg der Wahrheit zuwenden werden. Er ist der einzige Weg, der Amerika noch geblieben ist, um die Katastrophe abzuwenden, in die der Rassismus unweigerlich führen muss. Noch niemals zuvor bin ich so hoch geehrt worden, aber ich habe mich gleichzeitig auch noch nie so bescheiden und dieser Ehrung unwürdig gefühlt. Wer hätte je gedacht, dass ein amerikanischer Schwarzer mit solchen Segnungen überhäuft werden könnte? Vor wenigen Tagen hat mir ein Mann, der in Amerika als ‚Weißer‘ gelten würde, ein Diplomat der Vereinten Nationen, ein Botschafter, ein Ratgeber des Königshauses, seine Hotelsuite, sein Bett überlassen. Durch diesen Mann wurde Seine Exzellenz Prinz Faisal, der dieses Heilige Land regiert, von meiner Anwesenheit hier in Dschidda in Kenntnis gesetzt. Schon am nächsten Morgen informierte mich Prinz Faisals Sohn höchstpersönlich, dass ich nach dem Willen und der Verfügung seines hochgeschätzten Vaters zum Staatsgast erklärt worden war. Der stellvertretende Protokollchef selbst brachte mich vor das Oberste Gericht des Hadsch-Komitees. Seine Heiligkeit Scheich Muhammad Harkon selbst gab die Zustimmung zu meinem Besuch in Mekka. Seine Heiligkeit gab mir auch zwei Bücher über den Islam, mit seinem persönlichen Siegel und eigenhändiger Unterschrift, und er sagte mir, er würde dafür beten, dass ich ein erfolgreicher Prediger des Islam in den USA werden würde. Mir wurden ein Wagen mit Fahrer und ein Führer zur Verfügung gestellt, wodurch es mir möglich wurde, in diesem Heiligen Land fast nach Belieben umherzureisen. Die Regierung hält in jeder Stadt, die ich besuche, klimatisierte Quartiere und Personal bereit. Ich hätte mir niemals träumen lassen, dass mir jemals solche Ehren zuteil werden könnten – Ehren, die man in Amerika einem König erweisen würde – aber niemals einem Schwarzen.

Gelobt sei Allah, Gebieter über alle Welten. Dir ergebener El-Hajj Malik El-Shabazz (Malcolm X)."[66]

Diese Zeilen sollten viele Schwarze und Weiße, die Malcolm als schwarzen Nationalisten oder aber aus den Medien als Hassprediger kannten, irritieren. Mit diesen Gedanken bekam seine Botschaft eine neue Note. Die Pilgerfahrt hatte auf Malcolm einen so starken Eindruck gemacht, dass er sich schwor, diese Botschaft des Islams weiter zu predigen:

„Am Berge Arafat schwor ich Allah, dass ich den Rassismus aus der amerikanischen islamischen Bewegung entfernen werde. Ich schwor, die wahre Botschaft des Islams zu verbreiten und seine Anhänger von den Abweichungen wegzubringen, sobald ich in Amerika zurück sein würde."[67]

Bevor Malcolm Mekka Ende April 1964 verließ, war er noch zu einer Privataudienz bei Prinz Faisal eingeladen. Dort unterhielt er sich mit ihm und dessen Sohn, der in den Vereinigten Staaten studiert hatte, über den Islam der Nation und den traditionellen Islam, den Malcolm nun kennengelernt hatte. Denn diese Erfahrung des farbenblinden Islams prägte Malcolm nachhaltig: „Ein Teil von mir blieb in der Heiligen Stadt Mekka zurück. Und im Austausch nahm ich – für immer – einen Teil von Mekka mit mir mit".[68]

Mit den spirituellen Eindrücken von Mekka würde Malcolm nun die Welt bereisen.[69] Es ging in den Libanon, nach Ägypten, Nigeria, Ghana, Liberia, Senegal bis nach Marokko. Überall hielt er Vorträge an den größten Universitäten, wurde ins Fernsehen und zum Radio eingeladen, und traf leitende Politiker des Landes. Auch hier durchlebte Malcolm Wandlungen. Er sah, dass es an der Zeit war, dass die Afro-Amerikaner international denken mussten. Kurz vor seinem Tod am 18. Februar 1965 meinte er an der Columbia University:

„Es ist falsch, die Revolte des Schwarzen einfach nur als Rassenkonflikt zwischen Schwarzen und Weißen oder ein ausschließlich amerikanisches Problem zu verstehen. Vielmehr sehen wir heutzutage eine globale Rebellion der Unterdrückten gegen die Unterdrücker, der Ausgebeuteten gegen die Ausbeuter."[70]

Diese Aussage deutet einerseits auf die wachsende Sympathie Malcolms gegenüber sozialistischen Ideen hin. So sah er den Rassismus in seinen letzten Analysen immer mehr als ein Phänomen, das Hand in Hand mit dem Kapitalismus einhergeht und äußerte sich positiv gegenüber sozialistischen Ideen und Personen.[71] Gleichzeitig deklarierte er eindeutig, dass er von nun an fernab ideologischer Engstirnigkeit selbständig denken und handeln würde: „Ich bin kein Antiamerikaner, unamerikanisch, ein Aufwiegler oder subversiv. Ich folge nicht der anti-kapitalistischen Propaganda der Kommunisten oder der anti-kommunistischen Propaganda der Kapitalisten."[72] Aus seinen Reisen hatte er aber klar und deutlich einen globalen Blick auf die Geschehnisse in der Welt gewonnen. Man müsse sich mit all den afrikanischen Staaten in der Welt, die sich gerade im Prozess der Dekolonisation befänden, im Sinne einer panafrikanischen Philosophie vereinen. Von der Nigerian Muslim Students Society erhielt er nicht nur eine Mitgliedsnummer, sondern sogar einen neuen Namen: ‚Omowale'. Das bedeutet „der Sohn, der heimgekehrt ist". Und tatsächlich kam Malcolm nicht nur physisch in seinem Heimatkontinent an. Er nahm auch ein neues, globales Denken mit, das die Frage der Schwarzen zu einer globalen Frage machte. Die Schwarzen dort wussten, wie der weiße Mann dachte. Sie wussten um die Doppelzüngigkeit des Amerikaners, der dem Afrikaner stets zu vermitteln versuchte, dass das Problem des Rassismus in den USA sich ständig bessere.

Und gleichzeitig sahen sie, wie der weiße Mann nunmehr nicht die Schwarzen aus dem Kontinent zu rauben trachtete, sondern die Bodenschätze Afrikas. Denn der weiße Mann war nicht der gleiche weiße Mann wie seine Brüder, die er in Mekka kennengelernt hatte. In Ghana angekommen wurde er von einer Gruppe von etwa an die fünfzig afroamerikanischen Exilanten – schwarze Militante, die ihre US-amerikanische Staatsbürgerschaft aufgaben – aufgenommen. Medienvertreter belagerten ihn und fragten ihn ebenso, wie seine muslimischen Brüder zuvor nach dem Grund seiner Abkehr von Elijah Muhammads Nation of Islam. Doch Malcolm war zurückhaltend und erklärte seine Differenzen mit einem Verweis auf eine politische Ausrichtung. Die Nation of Islam sei zu schätzen, da sie eine zentrale Rolle zur psychologischen, moralischen und sozialen Wiederbelebung der Schwarzen in den USA spiele. Aber er wolle den Kampf für die Schwarzen als einen Kampf um Menschenrechte führen und politisch aktiver auftreten. Und er wolle vor allem gemeinsam mit den afrikanischen Ländern arbeiten und diese dafür gewinnen, sich in den Vereinten Nationen für ihre Brüder und Schwestern in Amerika einzusetzen. Damit wollte er den Kampf der Schwarzen als einen Bürgerrechtskampf, der im US-amerikanischen Kongress ausgefochten wird, beenden und in eine neue Ära überführen.[73] Mit einem Großteil der afrikanischen Politiker, aber auch Botschaftern aus China, Kuba und Algerien, unterhielt er sich über den Panafrikanismus und das Problem der Rassendiskriminierung in Amerika. Sie alle gaben Empfänge für Malcolm, wo er zu den Gästen sprechen konnte und gleichsam neue Bekanntschaften schloss. Der Verteidigungsminister Ghanas gab ein Essen, das seit dem Besuch des berühmten afroamerikanischen Autors W. E. B. DuBois, das bedeutsamste war, das je einem Afro-Amerikaner gegeben wurde. Selbst vor dem ghanesischen Parlament hielt Malcolm eine Rede und traf schlussendlich sogar den Politiker und Ghanas ersten Präsidenten Kwame Nkrumah, mit dem er sich über die Zukunft der pan-afrikanischen Einheit, über den afrikanischen Kontinent hinaus unterhielt.

Als Malcolm nach weiteren Reisestationen am 21. Mai am John F. Kennedy-Airport landete, wurde er völlig überrascht von einer Horde von Journalisten empfangen. Der heiße Sommer 1964 hatte begonnen und die Öffentlichkeit hatte einen Unruhestifter identifiziert: Malcolm X. Während seiner Abwesenheit hatte sich eine Gruppe gebildet, die sich Blutsbrüder nannte. Es handelte sich dabei um eine Handvoll Männer, die sich angeblich von der Nation of Islam abgespalten hatten. Sie seien für den Tod einer weißen Frau verantwortlich, hieß es. Und den Medien nach sei wiederum Malcolm dafür verantwortlich. Doch Malcolm legte einen anderen Akzent. Er sprach über den Kampf der Schwarzen als einen Kampf, der auf internationaler Ebene bei den Vereinten Nationen ausgefochten werden müsse. Auf seinen Brief aus Mekka angesprochen sprach er darüber, dass es keine Generalisierung geben darf, dass aber der Rassismus in den USA zu tief verwurzelt sei. Entsprechend müssten weiße Menschen danach beurteilt werden, wieviel Brüderlichkeit sie den Afroamerikanern zukommen lassen. Er war also wieder zurück. Den ganzen Abend klingelte das Telefon. Begeisterte Zustimmung zu seinen Pressestatements und Glückwünsche aus Afrika und Asien überströmten ihn. Malcolm erhielt eine Anfrage nach der anderen.

Doch eines änderte sich. Mit dem menschenrechtlichen Ansatz und den Versammlungen im Audubon Ballroom, zu der Malcolm in erster Linie nicht mehr zu Muslimen sprach, schien seine Botschaft weniger Gehör zu finden. Viele schienen nicht genau zu wissen, in welche Richtung er nun steuere. Die Medien waren weniger an seiner neuen politischen Philosophie des Panafrikanismus und des internationalen Kampfes der Afroamerikaner für Menschenrechte interessiert. Vielmehr bezichtigten sie ihn weiter der Aufwiegelei zu Hass und Gewalt. Malcolm entgegnete diesen Vorwürfen mit aller Klarheit, ohne etwas von seiner Radikalität einzubüßen:

„Das ist eine Lüge. Ich bin nicht für willkürliche Gewalt. Ich bin für Gerechtigkeit. Wenn Weiße von Schwarzen angegriffen werden und die Sicherheitskräfte sich als unfähig oder nicht in der Lage erweisen, sich gar weigern sollten, diese Weißen gegen die Schwarzen zu beschützen, dann sollten sich diese Weißen meiner Meinung nach selbst verteidigen und vor den Schwarzen schützen, wenn nötig mit Waffengewalt. Und wenn das Gesetz nicht garantieren kann, dass Schwarze vor den Angriffen der Weißen geschützt werden, dann sollten diese Schwarzen meiner Meinung nach Waffen benutzen, wenn das zu ihrer Verteidigung nötig ist."[74]

Was davon blieb, waren Überschriften wie: „Malcolm X predigt Gewalt und Bewaffnung der Schwarzen". Das waren die Überschriften, mit denen sich Malcolm die kommenden Monate herumschlagen musste. Im Hintergrund blieben seine Abkehr vom Konzept des weißen Teufels, seine stärkere Verwurzelung im traditionellen Islam und seine internationalistische Ausrichtung im Kampf um menschliche Würde für seine afroamerikanischen Schwestern und Brüder.[75] Gleichzeitig suchte er Kontakt zu Führern der Bürgerrechtsbewegung, wie Martin Luther King Jr. Die beiden Männer näherten sich zusehends einander an.[76] Nach kurzem Aufenthalt in New York, brach Malcolm erneut für 18 Wochen nach Afrika und in den Nahen Osten auf. Dort traf er den Präsidenten von Ägypten, Gamal Abdel Nasser, den Präsidenten Tansanias, Julius K. Nyerere, den nigerianischen Präsidenten Nnamoi Azikiwe, seinen mittlerweile Bekannten Nkrumah in Ghana, Präsident Sekou Toure aus Guinea, Präsident Jomo Kenyatta aus Kenia und den Premierminister von Uganda, Dr. Milton Obote. Ebenso nutzte er seine Reisen für Zusammenkünfte mit religiösen Führern verschiedener Religionsgruppen, weiße und schwarze.

VI. Gezählte Tage

Für Malcolm machte es Sinn, neben der Muslim Mosque Inc. eine weitere Organisation zu gründen, die allen Menschen offen stand, egal welcher religiösen Zugehörigkeit. Das Stichwort war schwarzer Nationalismus. Damit war nicht gemeint, dass die Schwarzen rassistisch gegen Weiße wären. Vielmehr bedeutete schwarzer Nationalismus damals wie heute, dass die Schwarzen ihre Würde zurückgewinnen, indem sie sich politisch, wirtschaftlich und sozial auf ihre eigenen Beine stellen. Die Wichtigkeit der Würde, der Selbstachtung und der Selbstbestimmtheit hatte Malcom schon bei Marcus Garvey und Elijah Muhammad gelernt. Es galt, den Afroamerikanern unabhängig von ihrem Religionsbekenntnis ihre menschliche Würde zurückzugeben, damit in einem zweiten Schritt eine tatsächlich brüderliche Beziehung zu den Weißen hergestellt werden konnte. Malcolm sprach zu seiner Zuhörerschaft:

„Der wahre Islam hat mich gelehrt, dass die Menschheitsfamilie, die menschliche Gesellschaft, erst dann wirklich vollständig sein kann, wenn alle religiösen, politischen, wirtschaftlichen, psychischen und rassebedingten Anteile und Eigenschaften dazugehören. Seit ich in Mekka die Wahrheit erfahren habe, umfasst der Kreis meiner engsten Freunde Menschen aller Weltanschauungen – darunter Christen, Juden, Buddhisten,

Hindus, Agnostiker und sogar Atheisten! Ich habe Freunde, die werden Kapitalisten genannt, andere wieder Sozialisten oder auch Kommunisten! Manche unter ihnen sind Gemäßigte, manche Konservative, Radikale – manche sind sogar regelrechte Onkel Toms! Meine Freunde sind heute schwarz, braun, rot, gelb und weiß!"[77]

Ja, Malcolm glaubte daran, dass einzig und alleine der Islam die Kraft hat, das Problem des Rassismus in Amerika zu lösen. Aber er wusste auch, dass der Islam andere Religionen und Weltanschauungen anerkennt, ohne sie gering zuschätzen. Auch wenn Malcolm Elijah Muhammad den Rücken kehrte, so blieb er dennoch zwei wichtigen gedanklichen Pfeilern aus dieser Zeit treu: Der Analyse der zerstörerischen Kraft des Rassismus und der Überzeugung, dass der Islam die wahre Religion sei. Denn sie war es, die den Menschen lehrte, nicht pazifistisch seinem Schicksal in die Augen zu blicken, sondern zu handeln, notfalls mit Gewalt gegen Gewalt.[78] Eines aber hatte sich geändert. Er dachte nun für sich selbst und sagte nicht mehr vor jeder Ausführung „Elijah Muhammad lehrt uns dies oder jenes". Und er wusste, dass Elijah Muhammads Devise des Wartens nicht die richtige war. Am 3. Februar 1965 sagte er zu Studenten am Tuskegee Institute:

„Während Elijah herumsitzt und wartet, bin ich nicht gewillt, zu sitzen, bis Gott kommt. Denn wenn er nicht bald kommt, ist es bald zu spät. Ich glaube an die Religion, aber an eine Religion, die politische, ökonomische und soziale Handlungen setzt, um einige dieser Zustände (des Rassismus, F.H.) zu überwinden und hier auf dieser Erde ein Paradies errichtet, während wir auf das jenseitige warten.‹‹[79]

Für seine gesellschaftspolitischen Aktivitäten gründete Malcolm aber die Organization of Afro-American Unity (OAAU) als neue politische Plattform seines Schwarzen Nationalismus. Der Name war der Organization of African Unity (OAU) entlehnt, die 1963 von den unabhängig gewordenen afrikanischen Staaten gegründet wurde. Mit seiner OAAU unterhielt er auch internationale politische Beziehungen. Die Organisation hatte Büros in Europa und Afrika. Es war auf Malcolm zurückzuführen, dass die OAU eine Resolution verabschiedete, die die USA dafür anprangerte, dass ihre Bürgerrechte keine Lösung für den Rassismus in der US-amerikanischen Gesellschaft bereitstellen konnte.[80] Schließlich erweiterte er die Strategie der OAAU mit dem Versuch, Lobbying bei den Vereinten Nationen zu betreiben, aber auch auf lokaler Ebene die Community zu organisieren und sich für die Erweiterung des Wahlrechts einzusetzen.[81] Bewusst ließ Malcolm in der OAAU keine weißen Mitglieder zu, denn der Afroamerikaner sollte sich selbst erkundigen und die Erkenntnis darüber gewinnen, was er tun müsse und vor allem was er tun kann, um selbständig etwas zur Verbesserung seiner eigenen Lage beizutragen. Weiße aber sollten lieber in ihren eigenen Reihen der Rassisten das Problem des Rassismus bekämpfen, meinte Malcolm. Denn nur der Schwarze könne seinem schwarzen Bruder erklären, dass er sich selbst helfen muss.

Diese Aktivitäten wurden von den Sicherheitsdiensten immer kritischer gesehen. Zwar behaupteten die Medien nach wie vor, Malcolm sei ein umgekehrter Rassist. Es waren jetzt aber weniger die harten Worte Malcolms, die Kopfschmerzen bereiteten, als sein Versuch, eine Bewegung für alle Afroamerikaner zu kreieren. Malcolm repräsentierte in seinen letzten Jahren zwei gefährliche Trends: Weltweite Solidarität mit allen Schwarzen quer über den Globus während der Zeit der Dekolonisation und eine Hinwendung zum Islam als alternatives Angebot zum Rassismus der weißen Welt.[82] Er war sich darüber im Klaren, dass seine Verantwortung eine doppelte war, wie er auch bei einer Versammlung der Muslimischen Jugend in Kairo am 27. Juli 1964 während seiner Reise durch Afrika und Asien klarstellte. Er müsse nicht nur den Islam als Religion verbreiten, sondern auch seinen 22 Millionen schwarzen Brüdern und Schwestern in den USA eine soziale, politische und ökonomische Perspektive eröffnen.[83] In der Realität aber war es so, dass die Aktivitäten der beiden neu gegründeten Organisationen – OAAU und MMI – schwer zu koordinieren waren. Malcolm selbst war zu wenig vor Ort, um sich um den Aufbau der beiden Organisationen zu kümmern.[84] Dennoch arbeiteten beide in seiner Abwesenheit an der Erweiterung ihrer Organisationen.

„Er wusste, dass er nicht als alter Mann sterben würde", sagte sein loyaler Anhänger und Leiter der Muslim Mosque namens Benjamin Karim über Malcolm.[85] Dieser lebte ohnehin schon

lange in dem Bewusstsein, dass jeder Tag sein letzter sein könnte. Malcolm hatte ebenso bemerkt, dass ihm Agenten bei seinen
Reisen ständig auf den Fersen waren, vom FBI wie vom CIA.[86]
Einmal kam es zu einem Zwiegespräch zwischen ihm und einem
Weißen, der ihm quer durch Afrika nachspürte. Malcolm zog ihn
auf, bis dieser ihn als Rassisten und Kommunisten beschimpf-
te. Seine internationalen Verbindungen waren sicherlich nicht
dienlich für seine Sicherheit. Nicht nur die 20 Stipendien an der
Al-Azhar und die 15 Stipendien an der Universität von Medina
für afroamerikanische Studierende[87], sondern auch seine Kontakte
zu sozialistischen Revolutionären, die in der sogenannten Dritten
Welt an der Macht waren, machten ihn in den Augen der Sicher-
heitsbehörden zum Staatsfeind. Seine Vernetzung führte dazu,
dass seine Muslim Mosque Inc. Teil der Islamic Federation of
the United States and Canada wurde.[88] Zudem wurde Malcolm
US-amerikanischer Vertreter der Muslim World League, einer
der einflussreichsten internationalen islamischen Organisationen
mit Hauptbüro in Mekka.[89] Malcolm war nicht mehr ‚bloß‘ eine
US-amerikanische Größe, sondern wurde zu einem internationalen Politiker, der es vermochte, gleichzeitig mit einem UdSSR-ver-
bundenen Gamal Abdel Nasser und den antikommunistischen
Saudis die Bande zu pflegen. Er wurde aber nicht nur von den
Sicherheitsdiensten als Gefahr eingestuft.

Malcolm wusste auch von der Nation of Islam, dass sie ihn auf
die Todesliste gesetzt hatten. Louis X, der später als Louis Farrakhan die Nation of Islam bis ins dritte Millennium überneh-
men würde, sprach damals die folgenden Worte: „Ein Mann wie
Malcolm ist des Todes würdig.“[90] In den Augen von Malcolms

Ehefrau Betty Shabbaz glich das einem Mordaufruf. Aber auch Malcolm wusste von der hohen Wahrscheinlichkeit, dass es Geheimdienste, gehirngewaschene Schwarze oder Rassisten sein könnten, die ihm eines Tages sein Leben nehmen würden. Oder alle zugleich. So war sich Malcolm sicher, dass der Nationale Sekretär der Nation of Islam im Chicagoer Hauptquartier, John Ali, gleichzeitig FBI-Informant war. J. Edgar Hoover, der Gründer und langjährige Leiter des FBI schickte persönlich ein Telegramm an die Einheit in New York mit den Worten: „Macht etwas gegen Malcolm X. Es ist genug mit dieser schwarzen Gewalt in New York".[91] Spione wurden von Anbeginn in die beiden neu gegründeten Organisationen eingeschleust.[92] Ebenso wie sein Vater würde auch sein Leben ein baldiges Ende finden. Malcolm ließ sich dadurch aber nicht in seinem Aktivismus beirren. Er versuchte die beiden Organisationen zu führen.

Am 14. Februar 1965 erlebte Malcolm einen Bombenanschlag auf das Haus seiner Familie. Vierzig Jahre danach bestätigte das Mitglied der Nation of Islam, Thomas 15 X Johnson, dass seine Organisation diesen Anschlag verübte.[93] Malcolm glaubte seiner Zeit, dass dieser Anschlag über die Fähigkeiten der Nation of Islam hinausging. Er glaubte zu wissen, wozu sie imstande war und wozu nicht. Am Ende blieb es eine offene Frage, wer die ausführenden Kräfte und wer die Anstifter des Anschlages waren.[94]

Doch Malcolm und seine Familie überlebten. Malcolm lebte von nun an noch bewusster das Leben eines wandelnden Märtyrers, stets im Bewusstsein, dass jeder Atemzug sein letzter sein könnte. In der Woche bis zum 21. Februar verbrachte Malcolm seine Zeit damit, einerseits ein neues Zuhause zu finden, andererseits war er weiter aktiv, gab Interviews, hielt Vorträge und führte die Geschicke seiner Organisationen. Am 21. Februar fand eine Rede in der großen Halle des Audubon Ballroom für eine OAAU-Versammlung statt. Die Menschen wurden nicht auf den Besitz von Schusswaffen geprüft. Agenten waren ebenso im Raum, wie unbewaffnete Mitglieder seiner Organisation. Es gab Polizisten, die nur herumstanden. Bruder Benjamin Karim von der Muslim Mosque hielt eine Vorrede und begrüßte Malcolm als Hauptredner:

> „Und jetzt, ohne noch weitere Worte zu machen, begrüße ich jemanden, der bereit ist, sich für euch einzusetzen, einen Mann, der bereit ist, sein Leben für euch zu geben. Ich möchte, dass ihr ihm zuhört und begreift, was er euch zu sagen hat – er, ein Kämpfer für die Sache der Schwarzen!"[95]

Dann eröffnete Malcolm seine Rede mit den Worten „As-Salam alaikum!" (der Friede sei mit dir). Einige der Zuhörer antworteten darauf. Plötzlich entstand jedoch eine Unruhe und in einem Handgemenge schrie ein Mann: „Nimm die Hand aus meiner Tasche". Malcolm versuchte die Menge mit den Worten „Hört auf! Hört auf! Spielt nicht verrückt. Lasst uns nicht die Nerven verlieren, Brüder!"[96] zu beruhigen. Während sich jedoch die Menge umdrehte, standen drei Zuhörer auf und feuerten eine Kugel nach der anderen auf Malcolm. Es war das physische Ende eines langen Kampfes. An diesem Tag wollte Malcolm noch zu Alex Haley gehen, um seine Autobiographie ein letztes Mal vor deren Veröffentlichung zu lesen. Seine letzten Worte darin waren:

„Ich weiß, dass häufig genau die Menschen getötet werden, die zur Veränderung einer Gesellschaft beitragen. Und wenn ich im Tod darauf zurückblicken kann, dass ich etwas Licht ins Dunkel gebracht und Wahrheiten verbreitet habe, die helfen, dass im Körper Amerikas wuchernde Krebsgeschwür des Rassismus zu beseitigen, dann gebührt der Dank dafür Allah. Mir sind allein die Fehler zuzuschreiben."[97]

Malcolm war in seiner spirituellen Reise dort angekommen, wo die Religion des Islams das Menschsein gegenüber Gott und den Menschen definierte; im ewigen, selbstlosen Streben zu Gott, um die Würde des Menschen zu verteidigen.

Literaturangaben

[1] Dieser Besuch war Teil eines Forschungsprojektes zum Thema Hip Hop und Jugendkultur zwischen den USA und Österreich, das vom W. Dietrich Botstiber Institute in Washington D.C. gefördert wurde.

[2] Jams H. Cone, Black Theology and Black Power, NY, Orbsi Books, 2011, vii-xiv

[3] Die beiden Werke By Any Means Necessary. Malcolm X: Real, Not Reinvented (2012) und A Lie of Reinvention: Correcting Manning Marable's Malcolm X (2012) sind zwei Veröffentlichungen, die einige der vielen kritischen Reaktionen zu Manning Marables Werk Malcolm X. A Life of Reinvention (2011) ausmachen.

[4] Alex Haley (Hg.), Malcolm X. Die Autobiographie, Agipa Press & Harald-Kater-Verlag, 1992, S. 22

[5] Manning Marable, Malcolm X. A Life of Reinvention, New York: Viking, 2011, 80f. Zudem vertrat Blyden in seinem Buch Christianity, Islam and the Negro Race die These, wonach lediglich der Islam afrikanischen Menschen ihre Identität zugestehen würde.

[6] Louis A. DeCaro Jr., On the Side of My People: A Religious Life of Malcolm X, New York: New York University Press, 1996, S. 12ff.

[7] Garvey zit. n. Louis A. DeCaro Jr., On the Side of My People, 1996, S.15

[8] Garvey zit. n. Louis A. DeCaro Jr., On the Side of My People, 1996, S.16

[9] Alex Haley, Malcolm X, S.26

[10] Alex Haley, Malcolm X, S.57

[11] Alex Haley, Malcolm X, S.67

[12] Alex Haley, Malcolm X, S.92

[13] Alex Haley, Malcolm X, S.151

[14] Alex Haley, Malcolm X, S.171

[15] Alex Haley, Malcolm X, S.115

[16] Alex Haley, Malcolm X, S.230

[17] Alex Haley, Malcolm X, S.230

[18] Alex Haley, Malcolm X, S.237

[19] Elijah Muhammad, 1965, 16f.

[20] Alex Haley, Malcolm X, 1992, 249-254

[21] Manning Marable, Malcolm X, S.84-88

[22] Alex Haley, Malcolm X, S.243

[23] Frantz Fanon, Die Verdammten dieser Erde, Frankfurt a.M.: Suhrkamp, 1981, 35

[24] Alex Haley, Malcolm X, S.256

[25] Manning Marable, Malcolm X, S.95

[26] Alex Haley, Malcolm X, S.266

[27] Alex Haley, Malcolm X, S.278

[28] Manning Marable, Malcolm X, S.90

[29] Manning Marable, Malcolm X, S.154

[30] Alex Haley, Malcolm X, S.305

[31] Manning Marable, Malcolm X, S.123

[32] Zur Rolle von Frauen in der Nation of Islam siehe: Dawn-Marie Gibson & Jamillah Karim, Women oft he Nation. Between Black Protest and Sunni Islam, New York: New York University Press, 2014.

[33] Alex Haley, Malcolm X, S.333

[34] Manning Marable, Malcolm X, S.127-129

[35] Alex Haley, Malcolm X, S.359

[36] Alex Haley, Malcolm X, S.365

[37] Alex Haley, Malcolm X, S.404

[38] Alex Haley, Malcolm X, S.407

[39] Alex Haley, Malcolm X, S.420

[40] Alex Haley, Malcolm X, S.393

[41] Louis A. DeCaro Jr., On the Side of My People, 1996, S.145f. und Manning Marable, Malcolm X, S.168f.

[42] Die Ahmadiyya Muslim Gemeinschaft ist eine der frühesten im Westen agierenden Missionarsgruppen, die ihren Ursprung in Pakistan hat. Sie kennt wiederum unterschiedliche Richtungen und gilt aufgrund ihrer ähnlichen Lehre zur Nation of Islam, wonach es nach dem Propheten Muhammad aus Arabien noch einen weiteren Propheten gibt, vielen als Sekte.

[43] Manning Marable, Malcolm X, S.117

[44] Ernest Allen Jr. Minister Louis Farrakhan and the Continuing Evolution of the Nation of Islam, in Amy Alexander (ed), The Farrakhan Factor. African-American Writers on Leadership, Nationhood, and Minister Louis

Farrakhan, New York: Grove Press, 1998, S.52-102. Siehe auch: Arthur J. Magida, Prophet of Rage. A Life of Louis Farrakhan and his Nation, New York: Basic Books, 1996, S.118-120

[45] Alex Haley, Malcolm X, S.430

[46] Zu den Auftritten Malcolms an den Unis wie Oxford siehe: Saladin Ambar, Malcolm X at Oxford Union. Radical politics in a Global Era, Oxford: Oxford University Press, 2014.

[47] Manning Marable, Malcolm X, S.188

[48] Alex Haley, Malcolm X, S.439

[49] Alex Haley, Malcolm X, S.441

[50] Manning Marable, Malcolm X, S.182

[51] Alex Haley, Malcolm X, S.

[52] Louis A. DeCaro Jr., On the Side of My People, 1996, S.159-170

[53] Zit. n. Manning Marable, Malcolm X, S.252

[54] Alex Haley, Malcolm X, S.452

[55] Manning Marable, Malcolm X, S.265

[56] Manning Marable, Malcolm X, S.363

[57] Louis A. DeCaro Jr., On the Side of My People, 1996, S.201f.

[58] Louis A. DeCaro Jr., On the Side of My People, 1996,S.135-144

[59] Alex Haley, Malcolm X, S.477

[60] Alex Haley, Malcolm X, S.485

[61] Alex Haley, Malcolm X, S.499

[62] Alex Haley, Malcolm X, S.503f.

[63] Alex Haley, Malcolm X, S.506

[64] Louis A. DeCaro Jr., On the Side of My People, 1996, S.277

[65] Louis A. DeCaro Jr., On the Side of My People, S.241

[66] Alex Haley, Malcolm X, S.507-511

[67] zit. n. Louis A. DeCaro Jr., On the Side of My People, 1996, S.207

[68] Alex Haley, Malcolm X, S.520

[69] Eine Darstellung und Analyse seiner vielen Reisen in den letzten beiden Jahren findet sich in: Marika Sherwood, Malcolm X Visits Abroad, Hollywood: Tsehai Publishers, 2011

[70] George Breitman, The Last Year of Malcolm X. The Evolution of a Revolutionary, NY, Sydney, London, Toronto: Pathfinder, 1989, 91

[71] Manning Marable, Malcolm X, S.336;Besonders der Autor George

Breitman vertra in seinen Werken über Malcolm X die These, Malcolm wäre zum internationalistischen Aktivisten geworden.

[72] Manning Marable, Malcolm X, S.369

[73] Manning Marable, Malcolm X, S.337

[74] Alex Haley, Malcolm X, S.547

[75] Louis A. DeCaro Jr., On the Side of My People, 1996, S.189-198

[76] Britta Waldschmidt-Nelson, Martin Luther King - Malcolm X. Gegenspieler, München: Fischer, 2000.

[77] Alex Haley, Malcolm X, S.560

[78] Louis A. DeCaro Jr., On the Side of My People, 1996, S.246-249

[79] Malcolm X, zit. n. Louis A. DeCaro Jr., On the Side of My People, 1996, S.269

[80] Louis A. DeCaro Jr., On the Side of My People, 1996, S.226

[81] Manning Marable, Malcolm X, S.411f.

[82] Louis A. DeCaro Jr., On the Side of My People, 1996, S.271

[83] Louis A. DeCaro Jr., On the Side of My People, 1996, S.239f.

[84] Benjamin Karim, Remembering Malcolm. The story of Malcolm X from inside the Muslim mosque by his assistant minister Benjamin Karim, New York: Carroll & Graf Publishers, S.173-194

[85] Benjamin Karim, Remembering Malcolm. The story of Malcolm X from inside the Muslim mosque by his assistant minister Benjamin Karim, New York: Carroll & Graf Publishers, S.181

[86] Manning Marable, Malcolm X, S.366

[87] Louis A. DeCaro Jr., On the Side of My People, 1996, S.233

[88] Manning Marable, Malcolm X, S.366

[89] Manning Marable, Malcolm X, S.370

[80] Zit. n. Manning Marable, Malcolm X, S.398

[91] Manning Marable, Malcolm X, S.338

[92] Manning Marable, Malcolm X, S.422ff.

[93] Manning Marable, Malcolm X, S.416f.

[94] Jesse Ventura & Dick Russel, Die Amerikanische Verschwörung. 9/11 und andere Lügen, München: Heyne, 2011, S.95-108

[95] Alex Haley, Malcolm X, S.640

[96] Alex Haley, Malcolm X, S.641

[97] Alex Haley, Malcolm X, S.569

Quellenverzeichnis der Bilder

S. 25, Abbildung 1: Malcolm-X.org

S. 41, Abbildung 2: race 2 race Africa

S. 47, Abbildung 3: The Black List Pub

S. 62, Abbildung 4 History Now Net

Frontcover Bild:
http://upload.wikimedia.org/wikipedia/commons/d/d7/Malcolm_X_NYWTS_4.jpg

Rückseite Cover:
http://upload.wikimedia.org/wikipedia/commons/c/cf/Malcolm_X_bullet_holes2.jpg